JN446210

# Hotel Management Practice

현장의 다양한 양식, 교육자료 및 사례들을 적절히 배합하여 구성한

# 핵심 호텔경영실무

김용순 · 김호준 · 설경진 공저

백산출판사

# 머리말

호텔산업은 세계관광의 지속적인 성장 속에서 21세기 고부가가치 산업으로 외화획득, 고용창출을 통한 경제 성장과 삶의 질 향상, 인적 및 문화교류를 통한 세계화 등 다양한 파급효과를 유발하고 있다. 급변하는 환경 속에서 호텔산업은 국제화 · 다양화가 가속화되고 있으며, 생활수준의 향상, 여가의 증대 및 레저에 대한 수요의 증대로 향후 빠른 속도로 발전해 나갈 것으로 전망된다. 이에 호텔경영은 이전과는 달리 보다 폭넓은 시각으로 이해하여야 하며, 이를 위해서 충실한 기본적 개념과 이론 및 실무적 이해가 절실해졌다.

이 책은 저자가 호텔에서 경험한 실무를 중심으로 하여 호텔에 재직 중인 선, 후배님들의 자문과 호텔 관련 교수님들의 저서와 논문 및 호텔의 매뉴얼들을 참고하였다. 특히 호텔의 현장감을 살리기 위해 호텔에서 실제 사용하고 있는 다양한 양식, 교육자료 및 사례들을 적절히 배합하였다.

본서의 구성체계는 수업시간을 고려하여 호텔경영실무에서 가장 중요하게 생각하는 업무를 중심으로 제1장 호텔의 개요, 제2장 호텔경영의 역사, 제3장 호텔사업의 특성 및 경영형태, 제4장 호텔의 경영조직, 제5장 객실영업, 제6장 하우스키핑, 제7장 호텔 · 레스토랑의 이해, 제8장 호텔 · 레스토랑 Mise-en Place, 제9장 메뉴관리, 제10장 커피숍 · 뷔페 레스토랑 · 룸서비스 · 커피로 구성하였다.

호텔경영의 실무에 적용할 수 있는 이론을 체계화하고 실무자뿐만 아니라 호텔리어로서 성장할 후학들에게 호텔에 대한 전반적인 이해의 틀과 기초지식을 함양하는 데 조금이라도 기여하고자 노력하였다. 여전히 부족하고 미진한 부분이 있지만 앞으로 계속 수정하고 보완할 것을 약속드리며, 본고가 나오기까지 적극적인 도움을 주신 백산출판사 진욱상 사장님과 임직원 여러분의 노고에 감사를 표합니다.

2023년 7월 연구실에서

저자 드림

차례

## Chapter 10 커피숍 · 뷔페 레스토랑 · 룸서비스 · 커피 185

CHAPTER 01

# 호텔의 개요

# 01 호텔의 개요

## 제1절 호텔의 정의

호텔이란 용어는 라틴어의 'Hospes'에서 유래되었으며 이는 타향인, 나그네, 손님 또는 이들을 접대하는 집이나 장소를 의미한다. 파생어인 Hospital은 순례나 참배자들을 위한 숙소를 의미하는 Hotel과, 관광객의 숙소 또는 환자나 병자를 치료하고 고아나 노인들을 위한 병원을 의미하는 Hospital로 변천되어 사용되고 있다.

### 1. 관광진흥법

「관광진흥법」에서는 호텔을 관광객의 숙박에 적합한 시설을 갖추어 이를 관광객에게 제공하거나 숙박에 딸리는 음식·운동·오락·휴양·공연 또는 연수에 적합한 시설 등을 함께 갖추어 이를 이용하게 하는 업으로 정의하고 있다.

### 2. 사전적 정의

웹스터 사전에서 호텔은 "a building or institution providing lodging, meals and service for the public"으로, 옥스퍼드 사전에는 "a building where meals and rooms are provided for travellers"로 정의되어 있다. 즉, 사전들은 대부분 호텔을 여행자들에게 객실과 식사 등을 제공하기 위하여 운영되는 건물이나 시설로 정의하고 있다.

## 제2절 호텔의 기능

호텔업은 객실, 식음료, 부대시설과 같은 물적 서비스와 서비스를 제공하는 인적 서비스 그리고 물적 서비스와 인적 서비스를 결합한 시스템적인 운영서비스를 상품으로 하는 기업이다. 초기에는 객실 중심의 서비스를 제공하는 단순한 기능에서 점차적으로 식음료서비스와 만남의 장소적 기능을 제공하게 되었으며, 현대에 와서는 기존의 숙식 제공의 기능뿐만 아니라 상담, 회의 등을 할 수 있는 비즈니스 기능, 피트니트 센터 등을 이용할 수 있는 스포츠 · 레저 기능, 예술 등의 문화적 기능까지를 충족시켜 줄 수 있는 종합적인 활동공간으로 다양해지고 있는 추세이다.

## 제3절 호텔의 분류

### 1. 법에 의한 분류

「관광진흥법」에서는 관광숙박업을 호텔업과 휴양콘도미니엄업으로 구분하고 다음과 같이 세분하고 있다.

#### 1) 호텔업

##### (1) 관광호텔업

관광객의 숙박에 적합한 시설을 갖추어 이를 관광객에게 이용하게 하고 숙박에 딸린 음식 · 운동 · 오락 · 휴양 · 공연 또는 연수에 적합한 시설 등을 함께 갖추어 이를 관광객에게 이용하게 하는 업을 말한다. 관광호텔업을 종합관광호텔업과 일반관광호텔업으로 세분하였다가 2003년 이를 통합하였다.

### (2) 수상관광호텔업

수상에 구조물 또는 선박을 고정하거나 매어 놓고 관광객의 숙박에 적합한 시설을 갖추거나 부대시설을 함께 갖추어 이를 관광객에게 이용하게 하는 업이다. 종전의 해상관광호텔업에서 내수면까지 확대한 수상관광호텔업으로 바뀌었다.

### (3) 한국전통호텔업

한국전통의 건축물에 관광객의 숙박에 적합한 시설을 갖추거나 부대시설을 함께 갖추어 이를 관광객에게 이용하게 하는 업이다.

### (4) 가족호텔업

가족단위 관광객의 숙박에 적합하도록 숙박시설 및 취사도구를 갖추어 이를 관광객에게 이용하게 하거나 숙박에 딸린 음식 · 운동 · 휴양 또는 연수에 적합한 시설을 함께 갖추어 이를 관광객에게 이용하게 하는 업을 말한다. 종전의 국민호텔업을 포함한 확대된 개념이다.

### (5) 호스텔업

배낭여행객 등 개별 관광객의 숙박에 적합한 시설로서 샤워장 · 취사장 등의 편의시설과 외국인 및 내국인 관광객을 위한 문화 · 정보 교류시설 등을 함께 갖추어 이용하게 하는 업이다.

### (6) 소형호텔업

관광객의 숙박에 적합한 시설을 소규모로 갖추고 숙박에 딸린 음식 · 운동 · 휴양 또는 연수에 적합한 시설을 함께 갖추어 관광객에게 이용하게 하는 업을 말한다.

### (7) 의료관광호텔업

의료관광객의 숙박에 적합한 시설 및 취사도구를 갖추거나 숙박에 딸린 음식 · 운동 또는 휴양에 적합한 시설을 함께 갖추어 주로 외국인 관광객에게 이용하게 하는 업으로 의료관광객의 편의가 증진되어 의료관광 활성화에 기여할 것으로 기대되고 있다.

### 2) 휴양콘도미니엄업

관광객의 숙박과 취사에 적합한 시설을 갖추어 이를 그 시설의 회원·공유자, 그 밖의 관광객에게 제공하거나 숙박에 딸리는 음식·운동·오락·휴양·공연 또는 연수에 적합한 시설 등을 함께 갖추어 이를 관광객에게 이용하게 하는 업을 말한다. 1957년 스페인에서 기존 호텔에 개인의 소유권 개념을 도입하여 개발한 것이 최초이며, 1982년 도입되었다.

## 2. 규모에 의한 분류

호텔의 규모는 대부분 객실의 보유수를 의미하며, Small 호텔은 25실 미만, Average 호텔은 25~100실, Above 호텔은 100~300실, Large 호텔은 300실 이상이다. 관광호텔업과 수상관광호텔업, 가족호텔업은 객실을 30실 이상 갖추어야 하며, 휴양콘도미니엄업은 50실 이상의 객실을 보유하여야 한다.

## 3. 기간에 의한 분류

투숙기간에 따라 단기 체재객들을 위한 Transient 호텔, 1개월 이상의 장기 체재객들을 대상으로 하여 메이드 서비스가 제공되는 Residential 호텔, 취사시설을 갖추고 있어 아파트라는 인식이 강한 초장기 체재객들을 위한 Apartment 호텔 또는 Permanent 호텔이 있다.

## 4. 입지에 의한 분류

### 1) Metropolitan 호텔

대도시에 위치하며 수천 개의 객실을 갖추고 있는 대규모 호텔을 말한다. 대연회장과 주차장 등을 갖추고 있으며 동시에 수천 명의 숙박객을 수용할 수 있다.

### 2) City 호텔

도시의 중심지에 위치한 호텔로 보통 도시의 중심가에 위치하고 있어 교통이 편리할

뿐만 아니라 쇼핑 등이 원활하게 이루어지고 다양한 비즈니스 시설을 갖추고 있다.

### 3) Suburban 호텔

한가한 교외에 위치한 호텔을 말한다. 넓은 주차장을 갖추고 있으며, 자동차 관광객들의 증가와 더불어 급격하게 증가하고 있다.

### 4) Country 호텔

산간에 세워지는 마운틴 호텔로 골프, 스키, 등산 등을 즐기기에 편리한 위치에 있다.

### 5) Airport 호텔

공항 내부나 공항과 근접한 지역에 위치하여 항공기를 이용하는 고객과 항공기 승무원을 위한 호텔로 출발하였다.

### 6) Seaport 호텔

공항호텔과 같이 항구와 인접한 지역에 위치하여 관광객이나 승무원들을 위한 호텔을 말한다.

### 7) Terminal 호텔

주로 터미널 주변에 위치한 호텔로 철도나 버스와 같은 교통수단을 이용하는 관광객들을 대상으로 하는 호텔이다.

### 8) Highway 호텔

고속도로 인근에 위치한 호텔을 말한다.

### 9) Beach 호텔

해변에 위치하여 피서객과 휴양객을 위한 숙박시설을 말한다.

### 10) Hot Spring 호텔

온천지역에 위치한 호텔로 치료목적이나 휴양을 위한 관광객을 대상으로 하는 호텔이다.

### 11) Lakeside 호텔

호수 주변에 위치한 호텔로 도시의 공해를 피해 여행하는 관광객들을 대상으로 하고 있다.

## 5. 목적에 의한 분류

### 1) Commerce 호텔

비즈니스의 목적을 가진 관광객들을 대상으로 하는 상용호텔이다. 그 특성상 대부분 도시 중심지나 상업지역에 위치하며, 상용고객이 주 고객층이다.

### 2) Convention 호텔

여러 분야의 다양한 회의를 유치하기 위한 호텔로 일반호텔에 비해 다양한 회의실을 갖추고 있다.

### 3) Resort 호텔

휴양지에 위치한 호텔로 해안, 산악, 온천, 피서지, 피한지 등에 위치하고 있으며, 휴식과 심신을 단련할 수 있는 시설을 갖추고 있다.

### 4) Casino 호텔

호텔의 기능이 대부분 카지노를 지원하는 것이다. 즉 호텔 내에 카지노 시설을 갖추고 있는 호텔을 의미한다.

### 5) Apartment 호텔

초장기 투숙객들을 위한 호텔로 취사시설을 갖추고 있어 아파트라는 인식이 강하다.

## 6. 숙박형태에 의한 분류

### 1) Motel

Motorist's Hotel의 약어로, 교통수단의 급속한 발달에 따라 자동차 관광객들이 증가함에 따라 도로변이나 도시외곽의 넓은 공간에 저렴한 객실료로 이용할 수 있는 숙박시설이다.

### 2) Youth Hostel

청소년을 위한 숙박시설로 청소년들의 심신단련과 보건휴양을 장려하기 위해 저렴한 가격으로 제공되는 숙박시설을 말한다. 남녀의 객실을 엄격히 구별하며, 식당은 셀프서비스가 원칙이다. 회원증 제도가 있으며, 우리나라는 1967년 한국유스호스텔 연맹이 발족되었다.

### 3) Yachtel

요트를 이용하는 관광객들을 대상으로 하는 숙박시설로 대부분 요트 계류장을 대부분 갖추고 있다.

### 4) Botel

보트를 이용하는 관광객들이 주로 이용하는 숙박시설을 말하며 보트를 정박시킬 수 있는 시설을 대부분 갖추고 있다.

### 5) Flotel

여객선 등의 선상에서 운영되는 호텔로서 일반호텔과 같은 다양한 시설을 갖추고 있다.

## 7. 등급에 의한 분류

호텔은 대부분 규모나 시설, 그리고 서비스 수준 등의 다양한 기준에 따라 등급으로 나눠져 있다. 우리나라는 호텔의 등급결정을 「관광진흥법」 제19조(관광숙박업의 등급), 시행령 제22조(호텔업의 등급결정), 시행령 제66조(등급결정 권한의 위탁), 「관광진흥법」

시행규칙 제25조(호텔업의 등급결정), 시행규칙 제25조의 3(등급결정의 유효기간 등) 및 그 외의 위임행정규칙 호텔업 등급결정업무 위탁 및 등급결정에 관한 주요 법령에 의거하여 호텔 등급결정제도를 시행하고 있다.

이러한 우리나라의 호텔업 등급결정 제도는 2014년 「관광진흥법」 개정을 통해 호텔업의 등급평가를 의무화하여 시행 중이며, 등급결정 신청대상을 관광호텔업, 한국전통호텔업, 가족호텔업, 소형호텔업, 의료관광호텔업, 수상관광호텔업으로 구분하여 아래 내용에 해당하는 호텔사업자는 기간 내에 등급결정 신청을 하여 등급평가를 받아야 한다.

① 호텔을 신규 등록한 경우: 호텔업 등록을 한 날부터 60일
② 유효기간 만료의 경우: 유효기간 만료 전 150일부터 90일까지
③ 등급 조정사유가 발생한 경우: 등급 조정사유가 발생한 날부터 60일

위의 법령을 토대로 호텔의 등급을 5성급, 4성급, 3성급, 2성급, 1성급으로 구분하고 2015년부터 국제기준에 맞춰 한국관광공사 및 한국관광협회중앙회가 위탁받아 시행하고 있다.

〈표 1-1〉 등급결정 신청대상 및 평가 기준

관광사업등록증의 업종을 기준으로 평가합니다.

호텔업 정의/등록기준 보기+

등급 평가 기준

<table>
<tr><th>업종</th><th colspan="4">관광호텔업</th><th>한국전통호텔업</th><th>가족호텔업</th><th>소형호텔업</th><th>의료관광호텔업</th><th>수상관광호텔업</th></tr>
<tr><td>신청등급</td><td colspan="2">1-3성</td><td colspan="2">4-5성</td><td>1-5성</td><td>1-5성</td><td>1-5성</td><td>1-5성</td><td>1-5성</td></tr>
<tr><td>현장평가</td><td>1-2성</td><td>3성</td><td>4성</td><td>5성</td><td>1-5성</td><td>1-5성</td><td>1-5성</td><td colspan="2" rowspan="3">호텔업 등급결정업무 위탁 및 등급결정에 관한 요령, 개정 중</td></tr>
<tr><td>불시평가</td><td>1-2성</td><td>3성</td><td></td><td></td><td>1-5성</td><td>1-5성</td><td>1-5성</td></tr>
<tr><td>암행평가</td><td></td><td></td><td>4성</td><td>5성</td><td></td><td></td><td></td></tr>
</table>

# 참고문헌


1) 안대희 외, 호텔경영의 이해, 대왕사, 2011.
2) 이희천 외, 호텔경영론, 형설출판사, 2010.
3) 유정남, 호텔경영론, 기문사, 1998.
4) 정희천, 최신 관광법규론, 대왕사, 2010.
5) 김영규 외, 현대호텔경영의 이해, 대왕사, 2004.
6) 고승익, 호텔경영론, 형설출판사, 2002.
7) 김재민 외, 신호텔경영론, 대왕사, 1997.
8) 차길수 · 윤세목, 호텔경영학원론, 현학사, 2006.
9) 이정학, 호텔경영의 이해, 기문사, 2007.
10) 주종대, 호텔현관객실실무론, 백산출판사, 2002.
11) Foster, D. L., An Introduction to Hospitality, MG-Hill, 1992.
12) Powers, T., Jo M. P., & Clayton W. B., Introduction to the Hospitality Industry, John Wiley & Sons. Inc., 2005.
13) Lovelock, C. H., Managing Services : Marketing, Operations, and Human Resources, Prentice Hall, 1985.
14) 한국관광협회중앙회 호텔등급결정사업 https://www.hotelrating.or.kr/

# 호텔경영의 역사

제1절 외국 숙박시설의 발전

제2절 우리나라 숙박시설의 발전

# 02 호텔경영의 역사

## 제1절 외국 숙박시설의 발전

그동안 관광현상에 관한 연구는 대부분 그리스나 로마시대 관광현상의 태동이나 로마 패망 이후 산업혁명 이전까지 중세 암흑기의 십자군 전쟁과 그랜드 투어를 중심으로 이루어져 왔다. 그 외의 관광현상에 대한 특별한 기록들은 매우 부족한 실정이다.

### 1. 고대 숙박시설

유럽의 경우 관광이 현대적인 형태로 나타나게 된 것은 그리스 시대로, 기원전 776년 이후 올림피아에서 열렸던 올림픽 경기대회에 참여하거나 요양을 목적으로 많은 사람들이 이동을 하였으며, 이로 인한 숙박시설이 있었을 것으로 추정된다. 도시와 도시 사이를 연결하는 교통의 요지에 포장마차 형식의 이동식 숙박시설인 카라반(caravan)이 있었으며, 상용관광객들을 위하여 칸(kans) 또는 카라반서리(caravansary)라는 숙박시설이 있었다.

로마시대에는 관광이 한층 활성화되어 요양, 명승고적 탐방, 관람, 종교, 예술감상, 온천여행, 식도락 등의 목적으로 여행을 하였으며, 각종 신전에 참배하기 위하여 또는 제례에 참여하기 위한 관광이 성행하였다. 상업중심지의 고급 숙박시설인 Hospitum들이 발달하였고, 귀족과 부유층을 위한 소수의 Inn과 허가증을 소지한 관리들이 이용하던 Posthouse가 있었다. 그리고 대중들을 위한 Tavern도 다수 존재하였던 것으로 전해지고 있다.

## 2. 중세 숙박시설

서기 500년 로마가 멸망함에 따라 유럽 각국은 계속적인 지역 간의 분쟁으로 인하여 여행 자체가 불가능하게 되었다. 또한 유럽의 도로나 숙박시설들도 황폐화되었다. 이에 따라 모험여행이나 종교적인 성지순례 여행을 비롯하여 매우 제한적인 여행만이 가능하였다. 수도원은 Xenodocheions라는 시설을 개발하여 관광객들이나 성지순례자들에게 숙박과 음식을 제공하였다. 1350년경부터 여행과 교역이 다시 활발해지자 중산계층의 관광객들이 증가하여 수도원으로는 숙박기능을 충족할 수 없게 되었다. 당시 새로운 교통수단이었던 역마차가 도입됨에 따라 역 주변에 Coaching Inn이라는 새로운 형태의 숙박시설이 등장하였다.

## 3. 근대 숙박시설

산업혁명은 당시 사회 · 경제에 중대한 영향을 끼쳐 근대사회 형성에 큰 영향을 미쳤다. 도로 포장법의 개발로 도로가 개량되었고, 철도의 건설로 점차 많은 사람들이 역마차에서 열차로 이동하는 교통수단의 혁명이 일어났다. 유럽의 귀족들은 유럽지역을 장기간 여행하였고 숙박시설도 역마차 중심의 Coaching Inn에서 열차를 중심으로 한 English Inn으로 발전하게 되었다. 미국도 영국의 영향으로 Inn을 도입하여 관광객들을 위한 숙박과 지역주민들의 공공장소로 이용하게 되었다.

## 4. 근대 호텔의 출현

영국에서는 17세기 Feathers Hotel이 생겨난 후 호텔이라는 용어가 소개되기 시작하였고, 1774년 런던에 First Family Hotel이 개관하였다. 세계 최초의 호텔에 대한 견해는 다양하다. 1760년대 초반 프랑스의 Hotel Garni, 1794년 미국의 City Hotel이, 근대 호텔의 개념으로는 독일 바덴바덴의 Badische Hof, 근대 호텔산업의 원조라 불리는 미국 보스턴의 Tremont House가 1829년 건립되었다.

## 5. 호화 호텔의 시대

유럽에서는 왕족과 귀족들을 대상으로 하는 특권계급 계층을 위한 전용 사교장으로서의 호화호텔이 생겨나기 시작하였다. 이 시대의 대표적인 호텔로는 1850년 파리에 건립된 Le Grand Hotel로서 호화호텔의 대명사가 되었으며, 1898년 파리에 Ritz Hotel을 개업하여 대성공을 이룩하였다. 영국에서는 세자르 리츠가 1889년 Savoy Hotel, 1899년 런던에 The Calton이 개업하여 호텔경영 사상 최초의 체인화를 실시하였다. 미국에서는 1870년 시카고의 Palmer House, 1897년 Waldorf-Astoria 등을 개업하였다.

## 6. 상용 호텔의 시대

20세기 접어들면서 미국의 스타틀러는 과학적이고 합리적인 경영방식을 도입하여 1908년 버팔로에 300개의 객실과 욕실을 갖춘 스타틀러 호텔을 개업하여 상용호텔의 시초가 되었다. 스타틀러는 'A room and a bath for a dollar and a half'라는 슬로건으로 호텔의 대중화에 기여하였다. 1928년 시카고에 3,000실의 Stevens Hotel이 개관하였으며, 상용 여행의 증가로 인하여 호텔의 황금시대가 열려 평균 객실 점유율이 80%를 상회하였다. 그러나 1929년 말부터 시작된 경제 대공황으로 인하여 대부분의 호텔들은 문을 닫아야 했다. 그 후 제2차 세계대전으로 군인들과 그 가족들과 민간인들의 호텔수요가 급격히 증가하여 평균 객실 점유율이 90%를 기록하게 되었다.

## 7. 현대 호텔의 발전

1929년 말부터 제2차 세계대전 전까지 경제 대공황으로 인하여 대부분의 호텔들이 문을 닫아야만 했고 1940년 이후 차츰 회복되기 시작하였다. 제2차 세계대전 이후 열차의 이용이 줄어들고 자동차 보급이 급속히 늘어나 전국적인 고속도로망이 정비되었으며, 자동차를 이용하여 여행을 다니게 되었다. 또한 상용여객기의 개발로 인하여 본격적인 비행기 여행의 시대가 시작되어 지구촌 시대를 맞이하게 되었다. 미국의 상용여행과 관광여행 수요의 창출의 원인은 미국의 경제호황으로 인한 것이다. 자동차시대로 인하여 모텔(motel)의 발전을 가져왔으며, Kemmons Wilson은 1952년 최초의 모텔인 Holiday Inn

을 설립하였다. 또한 Hilton, Sheraton과 같은 체인호텔들이 본격적으로 성장하는 계기가 되어 현대 체인경영의 이론적 기초와 경영합리화의 모델을 제공하였다.

# 제2절 우리나라 숙박시설의 발전

## 1. 삼국시대~조선시대

삼국시대에는 일부 특권층만 여행을 갈 수 있었는데, 임금, 관료 및 승려나 학생이 외교 · 학문탐구 · 수양 등을 위하여 국내 명승지나 해외로 여행할 수 있었으며, 대부분 중국, 인도, 페르시아가 많았다. 숙박시설에 관한 최초의 기록은 삼국사기에 나타난 신라시대의 역관이며, 통일신라시대에는 신라방이 신라인들의 숙소로 이용되었다. 고려시대에는 역참제가 발달하여 역마를 두고 교통과 숙박의 편리를 제공하였으며, 조선시대에는 객상을 숙박시켰던 객주, 여상을 숙박시켰던 여각, 그리고 시골의 길거리에서 술과 음식을 팔고 나그네가 쉬어가던 대중적인 숙박시설이었던 주막이 있었다.

## 2. 호텔의 등장

19세기 말 서구문물을 접하면서 전통적인 숙박시설들이 변화하기 시작하였다. 우리나라 최초의 호텔은 1888년 인천 서린동에 세워진 대불호텔이다. 대불호텔은 객실 11실의 3층 건물로 제물포를 이용하는 사람들이 주로 이용하였다. 1902년에는 서울 정동에 손탁호텔이 건립되어 2층에는 귀빈용 객실을, 1층에는 객실, 식당 및 연회장을 모두 갖추었다.

이후 철도가 등장하면서 철도역을 중심으로 새로운 호텔들이 발전하였다. 1912년 부산 철도호텔이 최초로 건립되었고, 같은 해에 신의주 철도호텔, 1914년 조선호텔, 1925년 평양 철도호텔이 순차적으로 건립되었다. 이 시기에 철도역 외에도 상업중심지와 휴양지에도 금강산호텔, 장안사호텔, 경성호텔, 동래호텔, 목포호텔 등이 개관되었다.

## 3. 근대 호텔의 발전

1936년 일본인이 미국 스타틀러호텔의 경영방식을 도입하여 반도호텔을 개관하였다. 이 호텔은 당시 최대 규모인 객실 111개로 주로 일본인과 외국인들이 이 호텔을 이용하였다. 이 호텔은 호텔산업의 전환기를 가져왔으며, 대중적인 상용호텔을 표방하였다.

## 4. 현대 호텔의 등장

1948년 대한민국 정부가 수립되면서 1949년부터 교통부 육운국이 정부 직영호텔을 직접 운영하고 관리하였다. 1952년 불국사 관광호텔과 해운대 관광호텔, 1954년 반도호텔 등이 운영되었으며, 1960년대 이후부터 호텔이 본격적으로 발전하기 시작하였다. 1963년 개관한 워커힐호텔은 현대적인 시설을 갖춘 호텔로 당시 최대 규모인 254개의 객실을 보유하였다. 1970년 국제관광공사와 미국의 아메리카 에어라인이 합작 투자한 조선호텔이 개관하였고, 1978년 남산에 하얏트호텔, 신라호텔, 1979년 롯데호텔, 1983년 힐튼호텔, 그리고 아시안게임과 올림픽을 계기로 스위스 그랜드호텔, 인터콘티넨탈호텔, 라마다호텔, 롯데월드호텔 등이 개관하였다. 1990년대에는 제주신라호텔, 경주힐튼호텔, 경주현대호텔, 서울의 리츠칼튼호텔 등이, 2000년대에는 제주 롯데호텔, JW메리어트호텔, 파크하얏트서울, 인천하얏트리젠시 등이 개관하였다.

# 참고문헌

1) 안대희 외, 호텔경영의 이해, 대왕사, 2011.
2) 이희천 외, 호텔경영론, 형설출판사, 2010.
3) 유정남, 호텔경영론, 기문사, 1998.
4) 정희천, 최신 관광법규론, 대왕사, 2010.
5) 김영규 외, 현대호텔경영의 이해, 대왕사, 2004.
6) 고승익, 호텔경영론, 형설출판사, 2002.
7) 김재민 외, 신호텔경영론, 대왕사, 1997.
8) 차길수 · 윤세목, 호텔경영학원론, 현학사, 2006.
9) 이정학, 호텔경영의 이해, 기문사, 2007.
10) 주종대, 호텔현관객실실무론, 백산출판사, 2002.
11) Foster, D. L., An Introduction to Hospitality, MG-Hill, 1992.
12) Powers, T., Jo M. P., & Clayton W. B., Introduction to the Hospitality Industry, John Wiley & Sons. Inc., 2005.
13) Lovelock, C. H., Managing Services : Marketing, Operations, and Human Resources, Prentice Hall, 1985.

# 호텔사업의 특성 및 경영형태

# 03 호텔사업의 특성 및 경영형태

## 제1절 호텔사업의 특성

### 1. 고정자산에 대한 의존성

일반 기업은 대부분 상품과 현금 같은 유동자산으로 구성되지만, 호텔업은 건물, 시설 등 고정자산의 시설투자가 총자본에 비하여 매우 높은 산업이다. 일반적으로 70~80% 이상이 되며, 초기투자 비용이 과다한 특성이 있다.

### 2. 인적서비스에 대한 의존성

호텔의 서비스는 인간 대 인간의 상행위로서 기계화나 자동화하는 데 한계가 있어 인적 서비스에 대한 의존성이 높다. 호텔에는 인적자원이 많으므로 총경비 중에서 인건비의 비율이 40%에 이르기도 한다.

### 3. 시설의 조기 노후화

호텔은 불특정 다수가 연중무휴로 이용하기 때문에 노후화가 빠르며, 항상 국제적인 수준을 유지해야 하므로 진부화가 빨라 시설의 노후화 현상이 빠르다. 일반적으로 호텔 건물의 내구 연한은 일반 건물에 비하여 짧다.

## 4. 호텔상품의 특수성

호텔상품은 일반 제조업의 상품과는 달리 호텔에 직접 와서 구매해야 하므로, 생산과 소비의 동시성을 가지고 있다. 뿐만 아니라 생산할 수 있는 객실과 식음료는 어느 정도 한정되므로 탄력성이 낮아 재고가 불가능하다. 즉 장소적 · 양적 · 시간적 제약이 있다.

## 5. 계절성 상품

호텔업은 계절적인 이유로 성수기와 비수기가 존재하고, 주말과 주중의 차가 심하여 계절과 특정일에 따라 편중현상이 나타나 경영상의 어려운 과제로 남는다.

## 6. 연중무휴의 영업

호텔은 하루 24시간, 연중무휴로 365일 하루도 쉬지 않고 서비스가 제공된다.

# 제2절 호텔사업의 경영형태

## 1. 독립경영호텔(Independent Hotel)

호텔은 대부분 가족이 운영하는 중소규모의 기업형태를 갖추고 있다. 그에 비해서 독립경영호텔(independent hotel)은 호텔의 소유주가 개인 단독으로 소유와 경영을 하는 호텔을 의미한다. 독자적으로 경영을 함으로써 자주성이 보장되고 의사결정이 빠르며, 소비자의 욕구에 신축적으로 대응할 수 있다. 따라서 소규모시장이나 틈새시장을 공략하는 데 관심을 가진다. 그러나 자본조달에 어려움이 있고, 개인능력의 한계로 경영에 제약이 생기며 우수한 인력을 확보하기가 어렵다.

## 2. 체인호텔(Chain Hotel)

본사와 가맹호텔이 계약을 통하여 경영하는 호텔로 최소한 두 개 이상의 호텔이 하나의 그룹으로 형성되어 호텔을 운영하는 것이다. 체인호텔은 본사가 자기자본으로 호텔을 구매하여 직접 경영하는 체인직영호텔과 타인자본과 결합한 프랜차이즈호텔과 위탁경영호텔이 있다. 체인호텔은 독립경영호텔과는 달리 다양한 마케팅활동을 할 수 있으며, 규모의 경제를 누릴 수 있고 외부로부터 자본조달이 유리하며, 우수인력 확보에 유리하다. 그러나 독립적인 독창성이나 고유성이 없고 표준화된 시설 등으로 인하여 소비자의 다양한 욕구를 즉시에 반영하기 어려우며 의사결정이 복잡하여 경영에 대한 제약이 있다.

### 1) 프랜차이즈호텔(Franchise Hotel)

프랜차이즈호텔은 본사와 가맹호텔 간에 계약을 맺어 본사는 호텔 운영, 마케팅, 기술 등을 지원하고 가맹호텔은 프랜차이즈 최초 가입비, 로열티, 객실예약 수수료, 마케팅 비용 등을 지불하는 형태이다. 본사는 Franchisor, 가맹호텔은 Franchisee가 된다. 장점으로는 호텔사업 진출이 용이하여 체인화 기법 가운데 가장 빠른 성장수단이며, 브랜드의 인지도 상승으로 초기 신뢰성 확보, 본사의 다양한 분야의 지원, 공동광고효과, 브랜드 사용으로 인한 신용의 증가로 자본조달이 용이, 대규모의 구매로 인한 원가절감효과를 누릴 수 있다. 단점으로는 경영권이 소유주에게 있기 때문에 서비스 품질을 관리하기에 어려움이 있으며, 잘못된 선정시 과다한 로열티 발생, 본사의 통제로 인한 독자성 제한, 계약 종료 후의 이미지 저하, 표준화에 따른 지나친 투자로 인한 수익성 악화 등이 있다.

### 2) 위탁경영호텔(Management Contract Hotel)

경영과 소유권이 분리된 형태의 경영방식으로 경영계약에 의해서 호텔경영회사가 호텔 소유주를 대신하여 경영하고 감독하며 운영하는 것으로, 경영회사는 대부분 자본을 투자하지 않는다. 경영회사는 호텔의 전반적인 운영, 종사원의 선발, 승진, 해고 등 관리, 경리부서의 관리, 호텔물품 구매와 시설관리에 대한 전문화된 경영기법을 제공하며, 개관 전 예산작성, 구매 및 설치, 광고 등의 서비스가 제공되고, 호텔설비와 타당성조사, 자본조달 등에 대한 노하우를 제공한다. 소유주는 호텔경영에 필요한 모든 자본을 부담

하며, 경영에 관해서 간섭할 수 없다. 또한 경영회사는 경영계약에 따라 경영계약 비용을 받는다. 경영계약 비용에는 영업이익기준, 총매출액기준, 혼합방식이 있다. 장점으로는 호텔경영회사는 큰 위험 부담 없이 신속히 성장할 수 있으며, 직접적인 경영으로 인하여 엄격한 서비스품질을 유지할 수 있고, 소유주는 선진호텔 경영기법을 획득할 수 있으며, 브랜드 사용으로 인하여 인지도가 향상되고 호텔사업의 성공가능성이 높아진다. 단점으로는 호텔경영회사는 성공에 따른 보상이 다소 결여되어 있으며, 자본에 대한 소유주의 의존도가 매우 높아 위험성이 내포되어 있고 소유주의 일방적인 계약해지의 경우에 호텔경영회사의 이미지가 실추될 수 있다. 소유주의 입장에선 경영의 전권이 상실되고 손실에 대한 부담이 매우 크다.

## 3. 임차경영호텔(Leased Hotel)

호텔경영전문회사가 기존의 호텔을 임차하여 운영하는 방식으로 임차계약에 의해 일정한 임차료를 지불하는 방법과 최소임차료와 영업실적 대비 일정비율을 지불하는 방식이 있다.

## 4. 리퍼럴그룹호텔(Referral Group Hotel)

체인호텔들이 성장함에 따라 독립경영호텔들은 경쟁력이 크게 약화되어 이들이 강력한 체인호텔에 대항하기 위하여 만든 상호 연합의 형태이다. 각자의 호텔들은 독립적인 경영권을 유지하면서 체인호텔의 이점을 살리기 위해 리퍼럴 조직을 조직하여 마케팅 활동, 중앙예약시스템, 대량구매에 따른 원가를 절감할 수 있게 되었다.

## 5. 제휴호텔(Affiliation Hotel)

독립경영호텔들이 경영권의 독립성을 유지하면서 호텔경영에 대한 기술과 업무만을 제휴하는 형태이다.

# 참고문헌


1) 안대희 외, 호텔경영의 이해, 대왕사, 2011.
2) 이희천 외, 호텔경영론, 형설출판사, 2010.
3) 유정남, 호텔경영론, 기문사, 1998.
4) 정희천, 최신관광법규론, 대왕사, 2010.
5) 김영규 외, 현대호텔경영의 이해, 대왕사, 2004.
6) 고승익, 호텔경영론, 형설출판사, 2002.
7) 김재민 외, 신호텔경영론, 대왕사, 1997.
8) 차길수 · 윤세목, 호텔경영학원론, 현학사, 2006.
9) 이정학, 호텔경영의 이해, 기문사, 2007.
10) 주종대, 호텔현관객실실무론, 백산출판사, 2002.
11) Lattin, G. W., James E. L., & Thomas, W. L., The Lodging and Food Service Industry, The Educational Institute of the American Hotel & Motel Association, 1998.
12) Lovelock, C. H., Managing Services: Marketing, Operations, and Human Resources, Prentice Hall, 1985.
13) Eyster, J. J., The Negotiation and Administration of Hotel Management Contracts, Cornell University Press, 1977.
14) Khan, M. A., Restaurant Franchising, John Wiley & Sons. Inc, 1999.
15) Angelo, R. M., & Andrew N. V., And Introduction to Hospitality Today, The Educational Institute of the American Hotel & Motel Association, 1994.
16) Lewis, R. C., Chambers, R. E., & Chacko, H. E., Leadership in Hospitality Foundation and Practices, Van Nostrand Reinhold, 2010.
17) Lundberg, D. E., The Hotel and Restaurant Business, Van Nostrand Reinhold, 1989.
18) Burkart, A. J., & Medlik, S., Tourism: Past, Present and Future, Heinemann, 1981.

CHAPTER 04

# 호텔의 경영조직

# 04 호텔의 경영조직

호텔은 대부분 영업부서(front of the house)와 지원부서(back of the house)로 구분하여 기업을 운영하고 있다. 호텔의 영업부서는 객실부문, 식음료부문 등으로 고객과 접촉하여 서비스를 제공하고, 인사 · 총무, 경리, 광고, 판매촉진 등의 부서는 고객과 접촉이 적은 부문으로 대부분의 관리부서를 의미한다.

[그림 4-1] 호텔조직도[20)]

# 제1절 객실부문 조직

객실부문의 조직은 객실영업(front office), 유니폼 서비스(uniform service) 및 객실관리(house keeping)로 분류할 수 있다. 객실부문은 식음료부문과 함께 호텔업의 다양한 서비스 상품들을 직접 생산하고 판매하는 핵심생산부서의 하나이다. 특히 객실부문은 타 부문에 비해서 월등히 높은 수익구조를 가지고 있다.

## 1. 객실영업

프런트 오피스(front office)는 대부분 호텔의 로비에 위치해 있으므로 고객들에게 잘 보이며, 기능적인 면에서 고객과 부단한 접촉이 일어난다. 따라서 프런트 오피스는 고객 활동의 심장이며 호텔의 꽃이라고 불린다. 프런트 오피스는 대 고객창구로서 고객의 최초, 최후의 순간까지 고객과 계속적인 접촉을 하게 된다. 그뿐만 아니라 프런트 오피스를 통하여 모든 부서와 원활한 커뮤니케이션이 이루어지며 기능과 조직 면에서 타 부서와 조정과 협동의 고차원적 팀워크를 요구하는 최고기술의 응결점이다. 프런트 오피스는 Room Clerk, Front Cashier, Information Clerk, Telephone Operator 등으로 구성되어 있다.

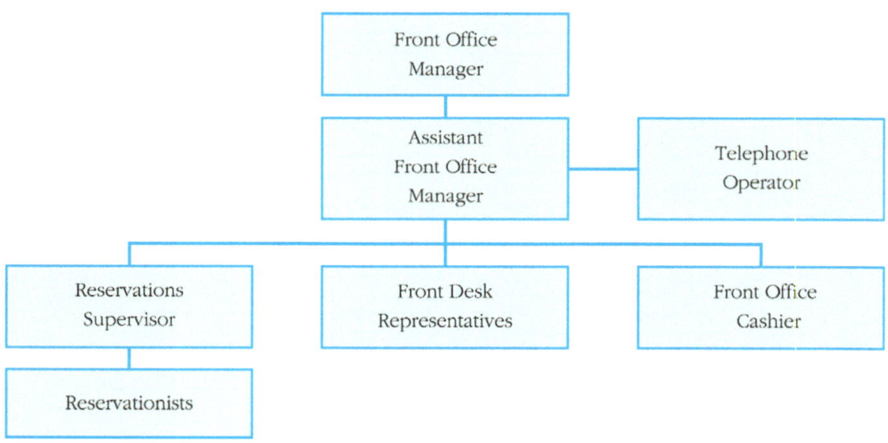


[그림 4-2] 프런트 오피스[20)]

## 2. 유니폼 서비스

유니폼 서비스란 Guest Service라고도 칭하는데, 이는 도어맨, 벨맨, 페이지보이, 로비 하우스맨, 엘리베이터 오퍼레이터와 벨 캡틴이 유니폼을 착용하는 데서 유래되었다. 이들의 주요업무는 고객 등록을 위해 프런트 오피스로 안내하고, 고객을 객실로 안내하며, 호텔의 시설과 서비스를 안내하는 것이다. 즉 고객의 Check-in과 Check-out에 대한 전반적인 서비스를 담당하고 있다.

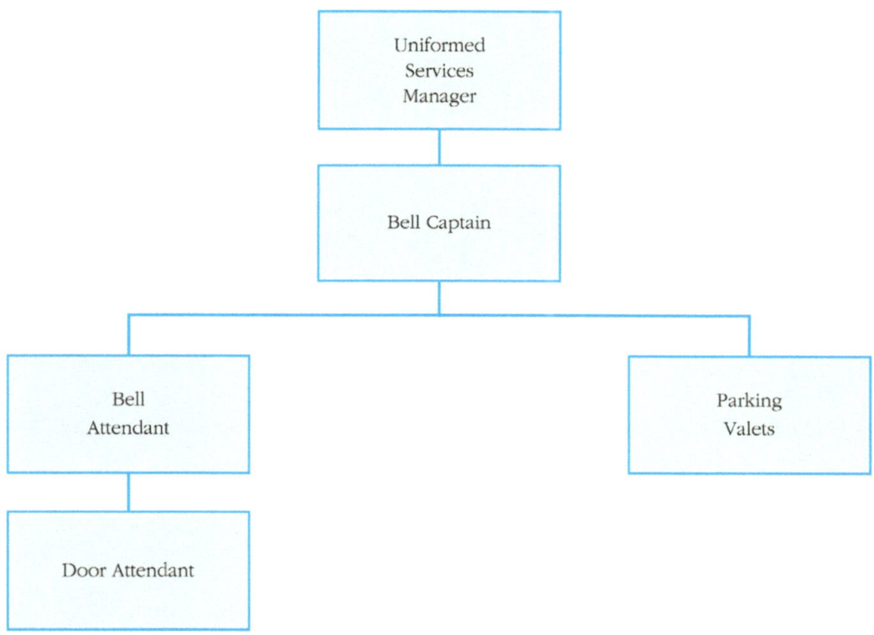


[그림 4-3] 유니폼 서비스[20]

## 3. 객실관리

호텔에서 객실이라는 상품을 관리하는 가장 중요한 업무를 담당하는 부서가 하우스키핑이다. 하우스키핑은 호텔서비스 또는 제품을 재생하는 부문이기 때문에 수익의 극대화와 이미지 창출을 위해 긴밀한 커뮤니케이션이 필요하다. Room Clerk, Front Cashier, Housekeeping을 호텔 커뮤니케이션의 주요 세 가지 요소라고 한다. 리넨, 유니폼, 객실용 소모품, 비품, 가구, 카펫, 침대, 침구, 분실물 취급, 공공장소 관리, 고객용 세탁물에 걸쳐 다양한 업무를 수행하며 청결, 정돈, 청소를 통해 안락한 분위기를 조성하고 고객에게 효과적인 인적서비스를 제공하는 것이 그 주요한 기능이다. 고객들에게 호텔이 마치 자기 집처럼 아늑하게 느껴지도록 서비스를 제공하는 것은 매우 중요하다. 하우스키퍼는 호텔의 눈과 귀다.

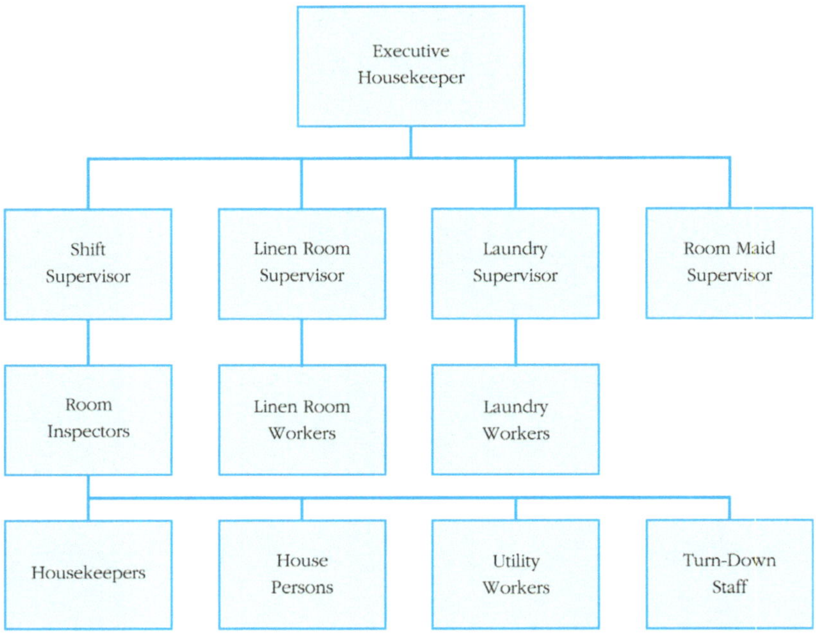


[그림 4-4] 하우스키핑[18)]

# 제2절 식음료부문 조직

## 1. 식음료부문

호텔의 식음료부문은 음식과 음료를 가장 효율적으로 조리하고 효과적으로 서비스할 수 있는 조직이 되어야 한다. 식음료부문은 케이터링(catering) 부서라고도 하며, 식료(food)와 음료(beverage), 그리고 서비스로 구성되어 있다. 호텔의 식음료는 전체 수입부분에서 객실 못지않게 중요한 비중을 차지하고 있다. 다양한 전문요리 레스토랑과 커피숍, 룸서비스, 칵테일라운지, 그리고 연회부서, 조리부서로 구성되어 있다.

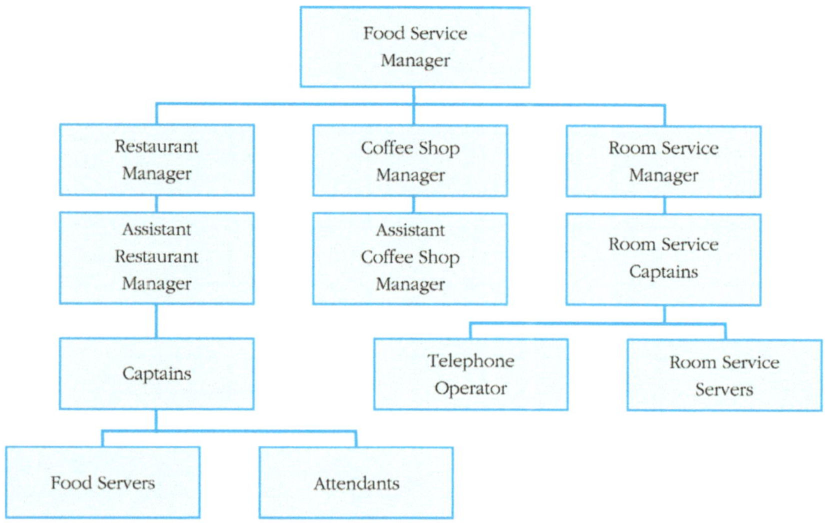


[그림 4-5] 식료부문[20)]

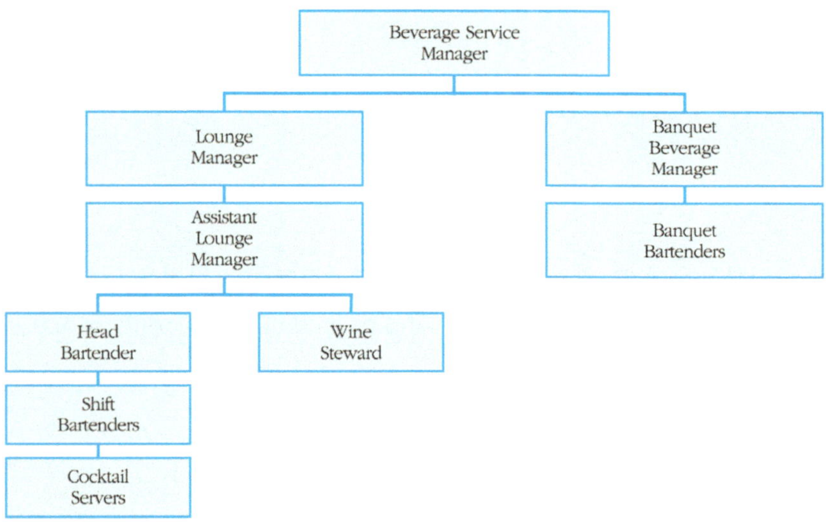


[그림 4-6] 음료부문[20)]

## 2. 조리부문

조리부서는 더운 요리를 제공하는 Hot Kitchen, 과일과 야채 및 육류와 같은 식재료를 활용하여 찬 음식을 만드는 Cold Kitchen, 각종 어패류와 육류 및 가금류를 형태별로 반가공 생산하는 Butcher Kitchen, 과자와 빵을 만드는 Pastry & Bakery, 커피와 간단한 식사를 제공하는 Coffee Shop Kitchen, 업장별 주방인 Section Kitchen으로 구분할 수 있다.

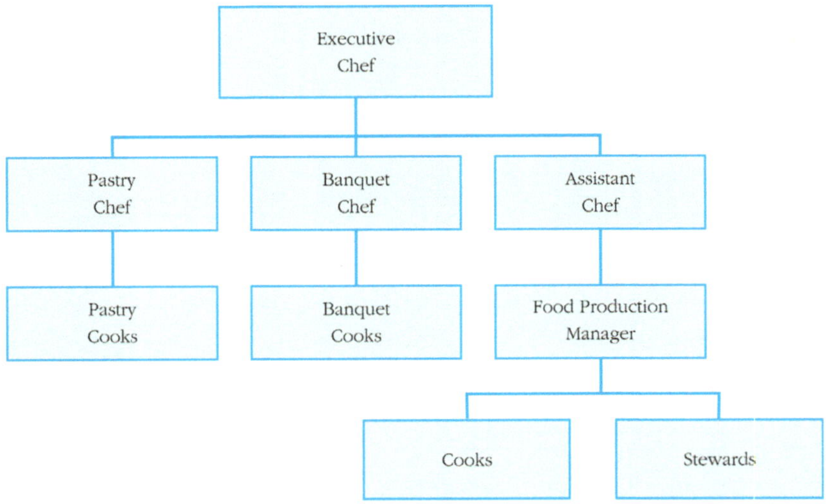


[그림 4-7] 조리부문[20)]

## 제3절 관리부문 조직

호텔의 관리부문은 호텔 최고경영자가 가장 합리적인 의사결정을 내릴 수 있도록 다양한 경영정보나 자료를 제공하는 참모적 역할을 할 뿐만 아니라 일선 영업부서의 지원부서로서의 역할을 하고 있다. 호텔 관리부문은 인사·총무부, 경리부, 구매부, 기술부, 마케팅부로 크게 나눌 수 있다.

### 1. 인사·총무부

호텔의 인사계획을 수립하고 인력을 채용하며, 적재적소에 배치하고 주기적인 평가로 인사고과표를 작성하여 업무수행능력에 따른 상·벌 등의 업무를 담당하며 종사원의 교육훈련을 실시한다. 또한 관공서 업무, 일반행정 공문의 기안업무, 종사원의 복지·후생업무, 고객의 생명과 재산을 보호하는 경비업무관리 등 호텔의 총괄적인 업무를 수행한다.

## 2. 경리부

호텔 각 영업장의 수납업무와 현금출납 및 영업회계처리, 종사원의 급여, 보험담당, 여신관리, 세무회계, 장부의 기장, 재무제표의 작성과 결산업무 등을 처리한다.

## 3. 구매부

호텔에서 구매할 물품에 대한 정보를 정기적으로 확보하여 질 좋은 물품을 공급하는 데 노력해야 한다. 적정재고를 확보하기 위하여 적정량을 적시에 제공받아 일정한 재고 수준을 유지하여야 한다. 구체적으로는 구매계획을 수립하고, 구입한 물품의 수량과 품질 등을 검수하고 물품을 창고에 보관하고 출고하는 업무를 담당한다.

## 4. 기술부

호텔의 변전실 · 전기배선 · 조명시설 등의 전기시설, 보일러 원동기 · 연료저장탱크 · 배관시설 등의 냉 · 난방시설, 상 · 하수도, 목공 · 도장 · 미장 · 도배 등의 영선, 자동화재경보기 · 전기누전탐지기 · 소화기 등의 방화관리 등 모든 호텔시설의 보수, 유지, 수선의 업무를 담당하며, 에너지 관리 업무를 한다.

## 5. 마케팅부

국내 일반고객, 여행사, 항공사, 일반기업, 협회, 단체 등을 대상으로 하는 국내 마케팅과 외국의 지사나 외국호텔, 외국여행사, 외국기업, 협회, 단체들을 대상으로 하는 국외 마케팅 활동이 주를 이루고 있다. 호텔의 객실과 식음료 등에 대한 판매를 촉진하고 홍보를 담당한다. 대부분 객실판촉과 연회판촉, 그리고 홍보팀으로 구성되어 있다.

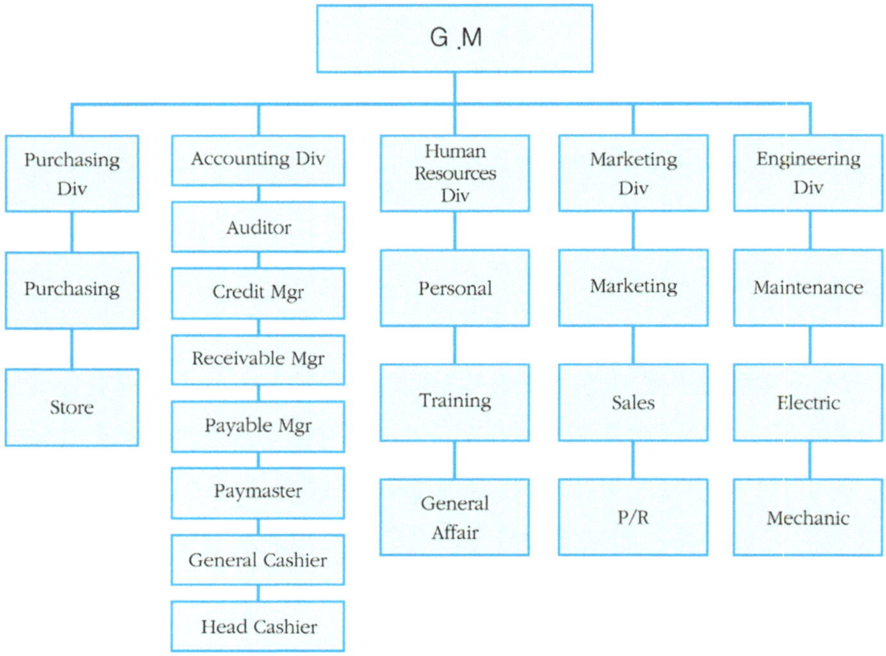


[그림 4-8] 관리부문

## 제4절 호텔종사원의 자격

관할 등록기관 등의 장은 관광숙박업에 대하여는 관광종사원의 자격을 가진 자가 종사할 수 있도록 당해 관광사업자에게 권고할 수 있다. 문화체육관광부장관은 호텔경영사와 호텔관리사의 자격시험, 등록 및 자격증 발급은 한국관광공사에, 호텔서비스사의 자격시험, 등록 및 자격증의 발급은 한국관광협회중앙회에 위탁하였다.

### 1. 시험실시

시험은 매년 1회 이상 시행하는데, 시험시행일 60일 전에 일간신문에 공고한다.

## 2. 응시자격

### 1) 호텔서비스사

별도의 응시자격을 규정하지 않고 있으며, 연령 · 학력 · 경력의 제한 없이 누구나 응시할 수 있다.

### 2) 호텔관리사

① 호텔서비스사 또는 조리사 자격을 취득한 후 관광숙박업소에 3년 이상 종사한 자
② 전문대학의 관광분야의 학과를 졸업한 자 또는 졸업예정자 및 관광분야의 과목을 이수하여 이와 동등한 학력이 있다고 인정되는 자
③ 대학을 졸업한 자(졸업예정자 포함) 또는 이와 동등 이상의 학력이 있다고 인정되는 자
④ 고등기술학교의 관광분야를 전공하는 과의 2년제 과정 이상을 이수하고 졸업한 자 또는 졸업예정자

### 3) 호텔경영사

① 호텔관리사 자격을 취득한 후 관광호텔에 3년 이상 종사한 경력이 있는 자
② 특2등급 이상의 호텔에서 상근 임원으로 3년 이상 종사한 경력이 있는 자

## 3. 시험과목

필기시험의 합격기준은 매 과목 4할 이상, 전 과목의 점수가 배점비율로 6할 이상이어야 한다. 시험의 면제기준에 따라 시험의 전부 또는 일부를 면제받을 수 있다. 외국어 시험은 호텔경영사와 호텔관리사는 영어, 호텔서비스사는 영어 · 일어 · 중국어 중 1과목을 응시하여야 하며, 다른 외국어 시험기관에서 실시하는 시험으로 대체한다.

### 1) 호텔서비스사

① 관광법규(30%)
② 호텔실무(현관 · 객실 · 식당 중심, 70%)

### 2) 호텔관리사

① 관광법규(30%)

② 관광학개론(30%)

③ 호텔관리론(40%)

### 3) 호텔경영사

① 관광법규(10%)

② 호텔회계론(30%)

③ 호텔인사 및 조직관리론(30%)

④ 호텔마케팅론(30%)

## 4. 면접시험

면접시험은 면접시험 총점의 6할 이상이어야 한다.

① 국가관 · 사명감 등 정신자세

② 전문지식과 응용능력

③ 예의 · 품행 및 성실성

④ 의사발표의 정확성과 논리성

# 참고문헌


1) 안대희 외, 호텔경영의 이해, 대왕사, 2011.
2) 이희천 외, 호텔경영론, 형설출판사, 2010.
3) 유정남, 호텔경영론, 기문사, 1998.
4) 정희천, 최신관광법규론, 대왕사, 2010.
5) 김영규 외, 현대호텔경영의 이해, 대왕사, 2004.
6) 고승익, 호텔경영론, 형설출판사, 2002.
7) 김재민 외, 신호텔경영론, 대왕사, 1997.
8) 차길수 · 윤세목, 호텔경영학원론, 현학사, 2006.
9) 이정학, 호텔경영의 이해, 기문사, 2007.
10) 주종대, 호텔현관객실실무론, 백산출판사, 2002.
11) 경주관광교육원, 현관객실관리, 한국관광고사, 1993.
12) Dittmer, P. R., & Gerald, G. G., The Dimensions of the Hospitality : an Introduction, Van Nostrand Reinhold, 1993.
13) Lewis, R. C., Chambers, R. E., & Chacko, H. E., Leadership in Hospitality Foundation and Practices, Van Nostrand Reinhold, 2010.
14) Lattin, G. W., James E. L., & Thomas, W. L., The Lodging and Food Service Industry, The Educational Institute of the American Hotel & Motel Association, 1998.
15) Lewis, R. C. and Nightingale, M. Targeting Service to Your Customer, Cornell Hotel and Restaurant Administration Quarterly, 1991.
16) Pride, W. M. and Ferrell, O. C., Marketing: Concepts and Strategies, Houghton Mifflin, 1991.
17) Gee, C. Y., International Hotels: Development and Management, The Educational Institute of the American Hotel & Motel Association, 1994.
18) Kappa, M. M., Nitscheke Aleta, and Schappert, P. B., Managing Housekeeping Operations, Educational Institute of the American Hotel & Motel Association, 1990.
19) O' Fallon, M. J. & Rutherford, D. G., Hotel Management & Operations, John Wiley & Sons, Inc., 2007.
20) Foster, D. L., An Introduction to Hospitality, MG-Hill, 1992.

# 객실영업

제1절 숙박약관

제2절 객실요금의 종류

제3절 숙박형식에 따른 요금제도

제4절 객실영업부서의 업무

# 05 객실영업

## 제1절 숙박약관

호텔의 객실영업부서에서는 업무를 원활히 수행하기 위하여 반드시 숙박약관을 숙지하고 준수하여야 한다. 실제적인 호텔의 숙박약관을 살펴보면 다음과 같다.

〈표 5-1〉 숙박약관

### HOTEL REGULATION

**Article 1 (Applications of Provisions)**

(1) Accommodation contracts and related contracts to be entered into by this hotel shall be in accordance with these provisions, and particulars not provided for in these provisions, shall be made in accordance with the laws and customary practices.

(2) Notwithstanding the previous paragraph, this hotel also may enter into special agreements to the extent that they will not run contrary to the spirit of these provisions, the laws and customary practices.

**Article 2 (Rejection of Accommodation Requests)**

This hotel may refuse to provide accommodation in the following circumstances :

(1) When the accommodations requested does not come under these regulations.

(2) When this hotel is booked full and no room is available.

(3) When the person desiring accommodation is deemed liable conduct himself in a manner contrary to the laws or to the maintenance of public peace and good morals, through his stay in this hotel.

(4) When the person seeking accommodation can be clearly detected as being afflicted with an infectious disease.

(5) When requested to bear a special burden in regard to the accomodations.

(6) When this hotel is incapable of providing accommodation due to unavoidable causes as natural calamities and damage to its facilities

(7) When the person seeking accommodation is recognized to carry any pet or some dangerous.

(8) When the accommodation request runs counter to the regulations stipulated in the laws of the Republic of Korea.

**Article 3 (Clarification of Name, etc.)**

When this hotel has accepted a request for accommodation in advance of the day of occupancy(hereafter called request for accommodation or reservation) it may request the person
making the to clarify the following particulars, within a designated period.

(1) Name, sex, nationality and occupation, address and passport No. of the person occupying the accommodation.

(2) Other particulars deemed necessary by this hotel.

**Article 4 (Reservation Deposit)**

(1) When this hotel has accepted a request for reservation of accommodation, it may request the advance payment of a deposit, limited to the charge of accommodation for the period of stay within (when the period of stay is over 3 days, if shall be for 3 days) designated period.

(2) When the deposit in the previous paragraph comes within the scope of the following Article, it shall be made to cover the breach of agreement charge with any remainder refunded.

**Article 5 (Cancellation of Reservation)**

When the person may cancel whole or a part of the reservation, this hotel shall receive payment for the breach of agreement charges as follows:

(1) Ordinary Guests

ⓐ When cancelled on the day before occupancy : 20% of the first day room charge per person.
ⓑ When cancelled on the day of occupancy : 80% of the first day room charge per person.
ⓒ When guests did not arrive the day they were expected : 100% of the first day room charge per person

(2) Group Guests

ⓐ When cancelled from 2 days to 9 days before occupancy : 10% of the first day room charge per person.
ⓑ When cancelled 1 day before occupancy : 30% of the first day room charge per person.
ⓒ When cancelled on the day of occupancy : 80% of the first day room charge per person.
ⓓ When guests did not arrive the day they were expected : 100% of the first day accommodation charge per person.

(3) This hotel may consider the reservation for accommodation as having been cancelled by the person does not appear by 6:00 p.m. of the day of occupancy and when he has not contacted this hotel beforehand. (When the hour of arrival is more or less stated, then it shall be 1hours after that hour)

(4) When the reservation is taken as cancelled, in accordance with the previous paragraph, but the guest is able to show that his failure to appear was due to the delay or non arrival of train, airplane or other public conveyances and not to any cause due to him, this hotel will not charge the cancellation fee.

(5) When this hotel has cancelled the reservation for accommodation, in accordance with the previous paragraphs, it shall refund any deposit received for the reservation.

**Article 6**

Expect as otherwise provided for, this hotel may cancel reservations for accommodation in the following circumstances:

(1) When it comes under paragraph 1 to 8 of Article 2.
(2) When the clarification of particulars in clause 1 of Article 3 has been requested and not complied with within the designated period.

(3) When payment of reservation deposit, stipulated in paragraph 1 of Article 4 has been requested but not complied with within the designated period.

### Article 7 (Registration)

Guests shall register the following particulars with this hotel, at the front office, on the day of arrival.

(1) Particulars stated in Clause 1 of Article 3.

(2) Other particulars deemed necessary this hotel.

### Article 8 (Payment of Bills)

(1) Payment of Bills shall be made in Korean currency or foreign currency, traveller's cheques and coupons recognized by this hotel at the front desk of this hotel, at the time of departure or when requested by this hotel. However, the hotel cannot accept personal checks.

(2) Guests shall pay for accommodation from the commencement of occupancy, even when he voluntarily chooses not to use the room.

### Article 9 (Check out Time)

The hour for vacating the room by the guest shall be 12:00 Noon. Notwithstanding, this hotel may accede to the use of the room beyond the check-out time.

In such case, there could be an additional charge made.

(1) Until 3 p.m. : 30% of the room charge.

(2) Until 6 p.m. : 50% of the room charge.

(3) After 6 p.m. : 100% of the room charge.

### Article 10 (Rejection of Continued Occupancy)

This hotel may reject the continued occupancy of the room, even for the period accepted, under the following circumstances :

(1) When it comes under Clause 3 to 8 of Article 2.

(2) When the guest does not observe the rules under Article 8 and 9.

### Article 11 (Observance of Rules)

Guests shall observe the rules established by this hotel.

### Article 12 (Responsibility of Accommodation)

(1) The responsibility of this hotel concerning accommodation starts from the time the guest is registered at the front desk and terminate at the time be leaves his room to depart.
(2) The hotel cannot accept responsibility for any accident arising out of the guest's failure to observe the rules of the hotel.
(3) In the even the guest can no longer be accommodated due to reasons for which this hotel is responsible, the hotel will arrange secure accommodation of the same or similar standard at facilities elsewhere.

### Article 13 (Safety Deposit)

Valuables are requested to be deposited in our safety deposit boxes with the Front Office Cashier. The hotel will not be responsible for valuables left in the rooms.

# 제2절 객실요금의 종류

## 1. 공표요금(Tariff)

공표요금은 호텔에서 공식적으로 공표하는 기본요금을 말한다. Tariff 또는 Rack Rate 라고도 하며 객실가격표에 명시되어 있는 요금이다. 봉사료와 세금이 제외된 요금으로 호텔에 따라 1인 기준인 경우도 있고, 2인 기준인 경우도 있다. 1인 기준인 경우에는 2인이 투숙 시에는 추가요금이 발생한다.

THE RITZ-CARLTON® SEOUL

The Ritz-Carlton, Seoul

Tariff

| | Single Occupancy | Double Occupancy |
|---|---|---|
| Deluxe | ₩ 380,000 | ₩ 410,000 |
| Ondol | ₩ 380,000 | ₩ 410,000 |
| Business Deluxe | ₩ 400,000 | ₩ 430,000 |
| Deluxe Corner | ₩ 400,000 | ₩ 430,000 |
| Prime Deluxe | ₩ 400,000 | ₩ 430,000 |
| Deluxe Business Corner | ₩ 420,000 | ₩ 450,000 |
| Parlor Suite | ₩ 600,000 | ₩ 600,000 |

The Ritz-Carlton Club

| | Single Occupancy | Double Occupancy |
|---|---|---|
| Deluxe | ₩ 450,000 | ₩ 480,000 |
| Deluxe Corner | ₩ 470,000 | ₩ 500,000 |
| Balcony Deluxe | ₩ 500,000 | ₩ 530,000 |
| Parlor Suite | ₩ 700,000 | ₩ 700,000 |
| Deluxe Suite | ₩ 800,000 | ₩ 800,000 |
| Plaza Suite | ₩ 800,000 | ₩ 800,000 |
| Executive Suite | ₩1,000,000 | ₩1,000,000 |
| Royal Suite | ₩1,500,000 | ₩1,500,000 |
| Ritz-Carlton Suite | ₩2,000,000 | ₩2,000,000 |
| Presidential Suite | ₩5,500,000 | ₩5,500,000 |

* 10% Service Charge and 10% V.A.T will be added.
* Extra bed charge is ₩ 40,000.
* Check-out time is 12:00 noon

602 Yeoksam-Dong, Gangnam-Gu, Seoul 135-080, Korea
Phone:82-2-3451-8000 Fax:82-2-3451-8188
http://www.ritz.co.kr

The Ritz-Carlton Club Benefits

* Laptop installed in guest room
* Free Internet access
* Free sauna entrance fee at the Fitness Center
* Five complimentary food and beverage presentations in the Club Lounge

| | |
|---|---|
| Continental Breakfast | 07:00-10:30 |
| Mid-day Snacks | 11:00-14:00 |
| Traditional Afternoon Tea | 14:00-16:30 |
| Hors d'oeuvres | 17:00-19:30 |
| Chocolates & Cordials | 20:00-22:00 |

* Express check-in / out at the Club Lounge desk
* Complimentary maximum two hour use of the Club Meeting Room
* Free cellular phone rental fee at the Business Center
* Bvlgari toiletries and mouth wash as in-room amenities
* Unpacking service and one item free pressing service upon arrival
* Live flower set-up in bathroom

Business Deluxe Room Benefits

* Free mobile phone rental service
* 24 hour business butler service
* 10% discount for Business Center service

Guest Services

| | |
|---|---|
| 4-5F | Fitness Club (Aerobic, Golf Driving Range, Swimming Pool, Gym, Men's & Women's Sauna, Beauty Shop, Fitness Lounge) |
| 3F | Hanazono Japanese Restaurant / The Oksan Buffet Restaurant / The Bar |
| 2F | The César Grill |
| Lobby | Café Fantino / The Lounge / Blooming Shop, Rent-A-Car & Tour desk |
| 1F | Nyx & Nox, Nightclub & Karaoke |
| A1F | Kumkang Room |
| A2F | Chee-Hong, Chinese Restaurant / Caravali |
| A3F | The Ritz-Carlton Ball Room / Sorak Room |

[그림 5-1] 공표요금(Tariff)

## 2. 특별요금

### 1) 무료(Complimentary)

호텔의 홍보정책 일환으로 접대가 필요한 고객에게 호텔숙박료 또는 부대시설 이용에 대하여 요금을 징수하지 않는 것을 의미한다. 행사담당자, 여행사의 임직원, 주거래기업, 사전답사자 등이 주요 대상이다.

### 2) 계절요금(Season-off Rate)

호텔의 특성상 성수기와 비수기가 존재함에 따라 마케팅 전략의 일환으로 비수기에 특별히 할인되는 요금이다.

### 3) 싱글요금(Single Rate)

싱글 룸을 예약하였으나 호텔의 사정으로 인하여 고객에게 더블이나 트윈 룸 또는 그 밖의 객실을 제공하고 실료는 싱글 룸 값으로 적용하는 경우의 요금이다.

### 4) 커머셜요금(Commercial Rate)

특정기업과의 계약에 의해 일정한 금액을 할인해 주는 요금이다. 상용 목적의 장기투숙객들이 계약하는 경우가 많다.

### 5) 단체요금(Group Rate)

호텔약관의 기준에 따라 국내외의 여행사나 단체고객들에게 할인해 주는 요금이다. 특히 여행사의 경우에 지속적인 고객의 송객으로 인하여 파격적인 할인요금을 적용해 준다.

### 6) 가이드요금(Guide Rate)

여행사 가이드나 TC가 투숙할 경우에 적용하는 요금으로 해당 객실요금의 할인율을 적용해 주는 것이 일반적이나 Comp로 제공되는 경우도 있다.

### 7) 슬립아웃차지(Sleep-out Charge)

고객이 투숙기간 중 개인의 사정으로 인하여 호텔에 투숙하지 못하는 경우에 호텔

측에 사전 통보를 하고 객실 키를 반납할 경우에 적용하는 요금이다.

### 8) 패키지 요금(Package Rate)

영업 전략상 객실에 식사나 부대시설 또는 외부 이벤트 등을 묶어서 제시한 요금으로 고객의 입장에서는 분리하여 이용하는 것보다 이익인 요금이다.

## 3. 추가요금

### 1) 심야요금(Midnight Charge)

고객이 개인적 사정으로 인하여 호텔 도착시간이 익일 새벽이나 아침일 경우에 고객을 위하여 판매하지 않은 객실에 부과되는 요금이다.

### 2) 홀드룸 차지(Hold Room Charge)

투숙객이 객실에 수하물을 두고 지방 등 여행을 가는 경우에도 실료는 계산되어야 한다. 또한 객실을 예약하고 도착이 늦어질 경우에 발생하는 실료이다.

### 3) 레이트체크아웃차지(Late Check-out Charge)

투숙객이 퇴숙시간을 넘겨 객실을 계속 사용하는 경우에 부과되는 요금으로 Over Charge라고도 한다. 오후 3시 이후에는 30%, 5시 이후에는 50%, 6시 이후에는 100%를 부과한다. 그러나 호텔의 사정이 허락한다면 고객서비스 차원에서 무료로 처리하기도 한다.

## 4. 기타

### 1) 분할요금(Day Use, Part Day Charge)

시간당 요금제도로서 하루가 되지 않는 일부시간을 사용하는 경우에 적용하는 요금이다. 특히 공항 인근에 위치한 에어포트호텔에서 많이 적용하는 요금이다.

### 2) 취소요금(Cancellation Charge)

예약자가 개인의 사정으로 인하여 객실예약을 취소할 경우에 부과되는 요금이다. F.I.T의 경우에는 3일 전 취소-20%, 2일 전 취소-40%, 1일 전 취소-60%, 숙박 당일 6시 이전 취소-80%, 6시 이후 또는 연락이 없을 경우-100%를 부과한다. 단체의 경우 9~3일 전 취소-10%, 2일 전-30%, 1일 전-50%, 숙박 당일 오후 6시 이전-80%, 6시 이후 또는 연락이 없을 경우-100%를 부과한다. 고객도 호텔이 위약 시에는 300%를 청구할 수 있다. 대부분은 숙박 약관에 준한다.

### 3) 하우스 유스(House Use)

호텔 임원의 숙소나 출장 온 직원이 투숙 또는 사무실로 객실을 이용할 경우에 객실요금을 부과하지 않는다.

### 4) 패밀리플랜(Family Plan)

부모와 동반한 14세 미만의 어린이에게 엑스트라베드에 대한 추가요금을 적용하지 않는 요금이다.

### 5) 선택요금(Optional Rate)

고객이 객실 예약 시에 호텔의 사정으로 인하여 객실요금을 정확하게 결정할 수 없을 경우에 미결정 요금을 의미한다.

### 6) 업그레이딩(Upgrading)

호텔의 사정으로 고객이 예약한 객실을 제공하지 못할 경우에 예약한 객실보다 가격이 높은 객실을 제공하고 예약한 객실료를 적용하는 요금이다. 이와 반대의 경우는 Down Grade라고 한다.

### 7) 균일요금(Flat Rate)

여행사나 단체고객의 경우에 서로 다른 형태의 객실을 사용하더라도 동일한 요금을 적용하는 것을 말한다.

### 8) 서드 퍼슨 요금(Third Person Rate)

2인 이상이 한 객실에 숙박할 경우에 적용되는 요금을 말한다. 엑스트라 차지와 같은 의미이다.

# 제3절 숙박형식에 따른 요금제도

## 1. 미국식 요금제도(American Plan)

객실요금에 조식, 중식, 석식의 식사요금이 포함되어 있는 요금제도로서 주변에 식사할 곳이 없는 휴양지 호텔이나 선상호텔에서 많이 적용하고 있다. 풀 펜션(full pension)이라고도 한다.

## 2. 유럽식 요금제도(European Plan)

유럽식 요금제도는 객실료와 식대를 별도로 구분하여 계산한다. 한국의 호텔도 대부분 유럽식 요금제도를 채택하고 있다.

## 3. 콘티넨탈 요금제도(Continental Plan)

콘티넨탈 요금제도는 객실요금에 조식이 포함되어 있는 제도이다. 이 제도는 유럽에서 성행하고 있으며, 조식메뉴로 특히 롤빵이나 토스트에 커피나 홍차가 제공되는 간단한 아침식사인 Continental Breakfast가 제공된다.

## 4. 수정식 미국요금제도(Modified American Plan)

객실료와 조식에다가 중식이나 석식 중 하나를 부가한 것으로 객실요금에 2식이 포함된 요금제도이다. Demi Pension, Semi Pension, Half Pension 등으로 불리기도 한다.

### 5. 듀얼 플랜(Dual Plan)

고객의 요구에 따라 미국식 요금제나 유럽식 요금제를 적용하는 것을 말한다.

### 6. 버뮤다 요금제도(Bermuda Plan)

버뮤다 요금제는 객실요금에 미국식 조식이 포함되어 있는 제도이다.

## 제4절 객실영업부서의 업무

프런트(front)는 프런트 오피스(front office)의 약어로 현관업무라고 한다. 프런트 오피스는 프런트 영역과 예약실을 통합하여 일반적으로 프런트 오피스라고 한다. 대규모 호텔의 프런트 오피스는 객실등록, 우편, 키, 인포메이션 제공, 예약, 수납 및 기타로 구분할 수 있다. 프런트 오피스는 고객의 입숙, 체류, 퇴숙에 걸친 모든 정보가 제공되며 또한 모든 서비스가 파생되는 곳으로 호텔의 가장 중요한 중추적 기능을 하는 곳이다. 프런트 오피스 직원은 항상 감미롭고 미소를 지으며, 부드러운 자세로 주어진 근무시간에 서비스에 전념할 수 있어야 한다.

### 1. 예약 업무

호텔의 예약은 기수, 항공사의 동맹파업, 비행취소, 비행연착, 특별한 사건, 축제 및 천재지변 등 호텔의 책임 또는 통제를 초월한 불가항력적인 경우를 제외한 객실 변수를 예측하는 것이 문제였다. 당일 판매할 수 있는 호텔의 객실과 항공기 좌석은 만일 당일 판매에 실패했을 경우에는 영원히 판매할 수 없기 때문에 호텔의 예약관리는 매우 중요하다. 호텔은 객실예약 시 선불을 요구할 수도 있고, 숙박예약 사절이 불가피한 경우도 있어 때때로 고객으로부터 화를 내게 하거나 오해를 받기도 한다. 예약은 전화, 인터넷 및 데스크 예약 등이 있으며 보장형 예약(guaranteed reservation)과 비보장형 예약(nonguaranteed reservation)으로 구분할 수 있다. 보장형 예약은 선지불하는 경우, 신용카드로 지불을 보장하는 경우, 일정액을 예치하는 경우, 여행사나 기업에서 지급을 보장하는 경우 등에 발생하는 예약이다. 비보장형 예약은 고객이 예약 시에 신용을 설정하지 않는 예약을 말하며 통상적으로 익일 6시까지 도착을 원칙으로 한다. 전통적인 호텔경영에 있어서는 예약 그 자체가 하나의 판매행위로 간주되어 별도의 선불예치 등이 필요하지 않으나 객실예약에 무책임한 고객들로 인하여 판매의 기회를 잃는 예가 많아 이를 사전에 예방하고자 보장형 예약을 선호하는 호텔이 증가하고 있다. 고객이 선불예약 시에는 반드시 선불예약 영수증을 발행하여야 한다. 또한 예약상 규정된 내용의 기재사항을 빠짐없이 정확히 기록하고, 예약 완료 시에는 고객의 예약번호를 반드시 고지하여야 한다. 또한 예약 취소 시에도 반드시 예약 취소번호를 고지하여야 한다. 예약이 불가능할 때에는 정중하고 친절하게 거절하여야 한다.

**DEPOSIT(豫置證)**

NAME 姓名 ____________ ROOM NO. 客室番號 ____________ DATE 日字 ____________

AMOUNT 金額 [ ₩ ]

ACKNOWLEDGEMENT IS MADE OF RECEIPT OF AMOUNT PRINTED ABOVE
THIS HAS BEEN CREDITED YOUR ACCOUNT. THANK YOU.
상기 金額을 分明히 받았습니다. 이 金額은 손님의 計定에 對替하겠습니다.
上記金額確かにお預りいたしました．この金額はお客様の勘定に振り替えさせていただきます

F/O CASHIER ____________ ACCOUNTING MANAGER ____________

[그림 5-2] 선불예약 영수증

## 1) 예약카드

예약카드의 필수적인 기재사항은 다음과 같다.

① 고객성명(guest name)

② 도착일(arrival date)

③ 출발일(departure date)

④ 객실요금(room rate)

⑤ 객실종류(room type)

⑥ 연락처(telephone number)

⑦ 사용객실수와 투숙객수(no. room and person)

⑧ 국적(nationality)

⑨ 예약신청자(booked by)

⑩ 회사명(company)

⑪ 교통수단(means of transport)

⑫ 체크인 시간과 체크아웃 시간(C/I time, C/O time)

⑬ 지불방법(payment)

⑭ 여권번호(passport no.)

⑮ 고객의 주소(address)

⑯ 특별 요구사항(special request)

⑰ 예약입력자(made by)

## 2) 예약의 종류

### (1) 개인예약

개별고객의 숙박으로 가장 먼저 투숙일의 객실상황을 확인하고 예약이 가능하면 예약카드에 의하여 예약사항을 기입한다.

RESERVATION

<table>
<tr><td>CONFIRMED</td><td></td><td colspan="3"></td><td>ARRIVAL</td><td></td></tr>
<tr><td colspan="2" rowspan="3">MR.<br>MRS.<br>MISS.</td><td colspan="3">NO PERSON</td><td rowspan="2">TIME/FLT</td><td rowspan="2"></td></tr>
<tr><td>ADULT</td><td colspan="2">CHILD</td></tr>
<tr><td></td><td colspan="2"></td><td>DEPARTURE</td><td></td></tr>
<tr><td>AFFILIATION</td><td colspan="6"></td></tr>
<tr><td>ROOM TYPE</td><td colspan="6"></td></tr>
<tr><td colspan="5" rowspan="2">RESERVED BY :</td><td colspan="2">RATE :</td></tr>
<tr><td colspan="2">(　　)% DISCOUNT<br>AUTHORIZED BY</td></tr>
<tr><td colspan="7">SPECIAL REQUEST :</td></tr>
<tr><td colspan="7">BILLING INSTRUCTION :</td></tr>
<tr><td colspan="2">TREATMENT :</td><td>BUSINESS CODE</td><td>RECEIVED DATE</td><td>RECEIVED CLERK</td><td colspan="2">RESERVATION NO.</td></tr>
</table>

[그림 5-3] Reservation Card

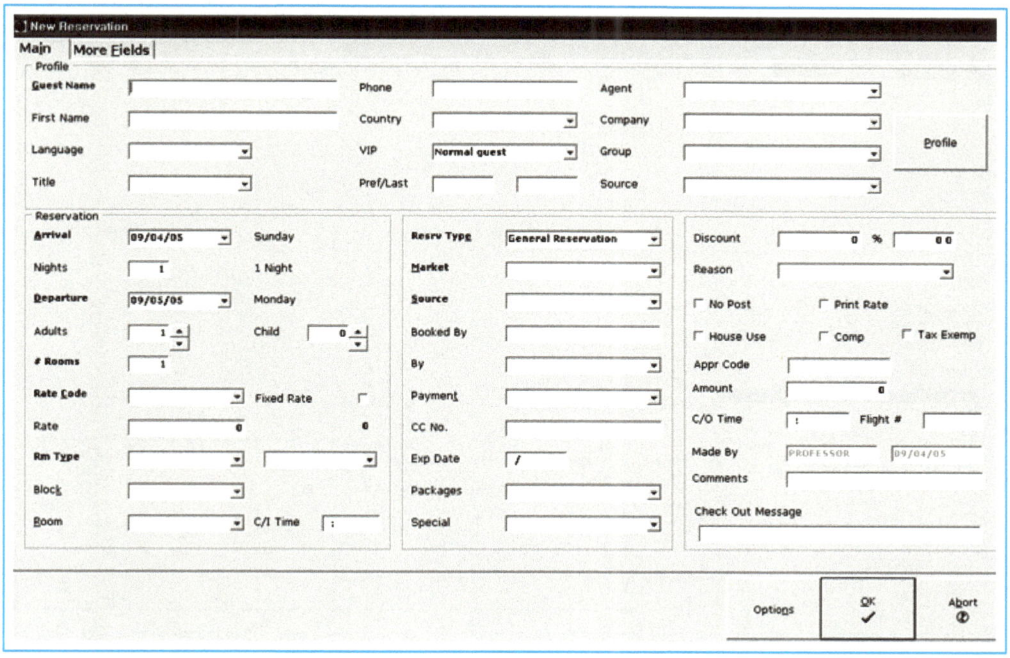


[그림 5-4] Fidelio System(fit)

### (2) 단체예약

단체의 기준은 호텔에 따라 다양하게 취급하고 있어 각 호텔의 약관에 준하여 적용한다. 단체예약 시에는 예약카드 필수 기재사항을 보다 세밀히 검토하여 접수하여야 하며, 수시로 예약확인의 연락을 하여야 한다. 예약이 최종 확정되면 단체명단, 식사시간, 도착시간, 여정 등을 요구하여 확인하여야 한다.

### (3) 여행사예약

국내 · 외 여행사로부터 직접 접수하는 경우로 여행사와 계약하에 접수하여 처리한다. 이 경우에는 일정 수수료를 여행사에 지불하여야 한다. 고객이 체크인할 때 여행사에서 발행된 영수증을 가지고 오면 원본과 대조하여 확인한 후 투숙시킨다.

### (4) 객실지정예약(Room Blocking Reservation)

호텔은 투숙객의 체류연장이나 당일 객실의 고장 등의 이유로 인하여 고객이 예약할 때 객실을 사전에 지정하지는 않는다. 그러나 VIP나 단골고객 등이 특별한 사유가 있을 때에는 고객서비스 차원에서 객실을 지정하여 예약할 수도 있다.

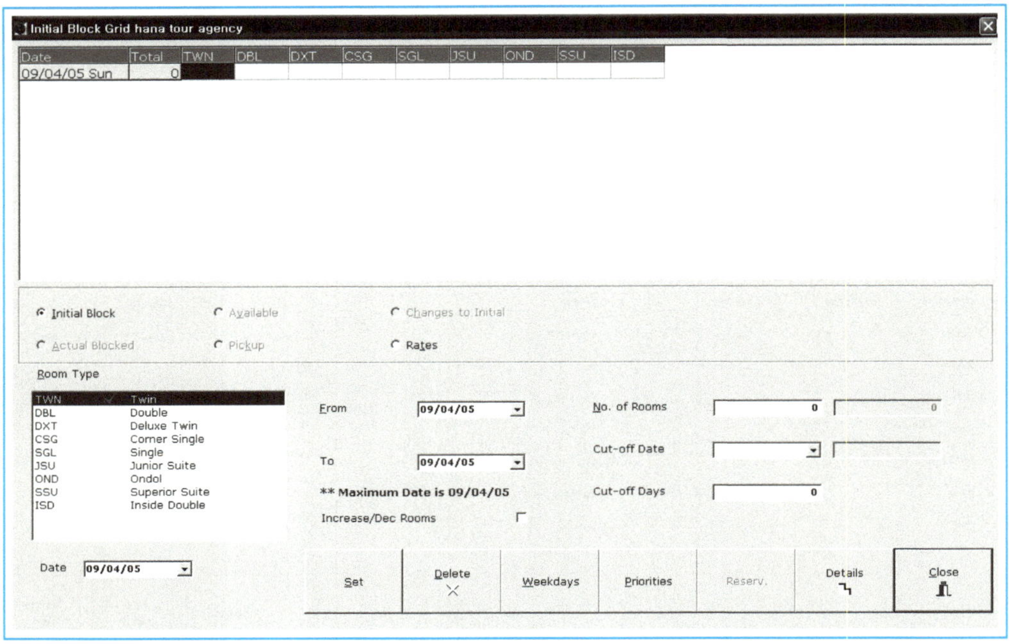


[그림 5-5] Fidelio System(group)

### 3) 초과예약(Over Booking)

초과예약은 실제 판매가능한 객실보다 더 많은 객실을 초과하여 예약을 받는 것이다. 호텔의 객실상품은 일정한 공정을 거쳐 생산하고 이를 판매하는 기업이나 공장과는 다른 호텔의 특성으로 인하여 당일 생산된 상품을 당일 판매하지 못하면 재고처리가 전혀 불가능하므로 객실수입의 극대화를 위하여 초과예약은 필요악적인 존재이다. 호텔은 노쇼의 비율, 예약 취소율 등을 정확하게 경험적으로 예상할 수 있지만, 이의 취급은 호텔에 많은 위험부담을 가져와 고객관리와 호텔의 평판과 명성유지의 입장에서 주의 깊게 취급해야 한다. 초과예약의 원인은 다음과 같다.

#### (1) 노쇼(No Show)

객실을 예약하고 아무런 연락도 없이 투숙하지 않는 경우를 말한다.

#### (2) 취소(Cancellation)

객실을 예약하고 여러 가지 사유로 인하여 이용할 수 없다는 내용을 호텔에 통보하는 경우를 말한다.

#### (3) 워크아웃(Walk Out)

투숙했던 고객이 공식적인 체크아웃 절차를 거치지 않고 떠나는 경우를 말한다.

#### (4) 조기퇴숙(Under Stay)

예약한 퇴숙일보다 먼저 체크아웃 하는 경우를 말한다.

## 2. 프런트 데스크 업무

### 1) 객실판매

객실판매의 중요성은 호텔수입의 원천이 객실판매에 주로 의존한다는 사실에 기인한다. 물론 오늘날 호텔기업의 경영방향이 한계성을 내포하고 있는 객실수입에만 전적으로 의존하던 경향을 벗어나 점차 한계성이 다소 극복되는 식음료 판매수입의 증대에 치중하는 경향이 있기는 하나 객실수입은 여전히 주된 원천임은 틀림없다. 사전 예약된 객실을 제외하고 예약 없이 입숙하는 고객(walk-in guest)처럼 투숙하고자 하는 당일의 객실판매는 룸 클럭이 담당한다. 이러한 관점에서 룸 클럭(room clerk)은 호텔 객실을 판매하는 데 세일즈맨으로서의 의식을 가져야만 한다. 수많은 객실을 가지고 있는 대규모 호텔에서는 플로어 클럭을 두어 고객의 편의를 도모하고 있는데, 이는 층별, 혹은 몇 개의 층마다 프런트 데스크를 설치하고 거기서 근무하고 있는 룸 클럭을 의미한다. 룸 클럭은 다음과 같은 지식을 갖추어야 한다.

#### (1) 상품분석

룸 클럭은 상품에 대한 지식을 확실히 갖추고 있어야 한다. 즉 객실의 규모, 위치, 각 객실의 비품, 실내장식 및 요금에 관하여 정확하고 새로운 사항을 알고 있어야 한다. 이러한 최신의 사항을 인지하고 상품을 판매하기 위하여 수시로 객실을 순회할 필요가 있으며, 특히 객실을 개·보수한 후에는 반드시 돌아보아 확실히 파악해 두어야 한다. 또한 객실상품 외에도 식음료 등 다양한 호텔 내부의 상품에 이르기까지 정확하게 파악하여 정보를 제공하여야 한다.

### (2) 경쟁자분석

우수한 룸 클럭은 주변의 경쟁호텔의 객실과 부대시설 등의 내용에 관해서도 숙지하고 있어야 한다. 고객이 주변호텔의 객실 등과 비교할 때에는 고객이 납득할 수 있도록 설명할 수 있어야 한다.

### (3) 고객분석

고객의 인간성과 심성을 충분히 파악할 줄 알아야 한다. 여행으로 지쳐 있는 고객에게 따뜻한 말 한마디는 동조자적 친구로서 좋은 인상을 심어 줄 수 있다.

### (4) 객실판매 유의점

① 고객에게 고가의 객실만을 팔려는 모습을 보이지 않게 노력하고 주의한다.
② 고객이 호텔 객실에 관해 충분한 지식을 가지고 있는 경우에는 판매하고자 하는 객실에 대한 판매의 소구점(selling points)을 충분히 설명하고 강조한다.
③ 복잡한 설명과 가격의 제시는 고객을 혼미하게 하거나 나쁜 인상을 줄 수 있으므로 주의한다.
④ 고객의 경제력을 판단한 이후 고가의 객실을 제시하는 경우에는 객실의 이점에 대한 강한 설득력이 필요하다.
⑤ 장기체재를 원하는 고객의 경우에는 각별히 주의한다.
⑥ 객실의 선택은 고객에게 일임하고 객실에 관해 충분히 설명해 주어 구매의욕을 유발한다.
⑦ 고객이 원하는 객실의 판매가 불가능할 경우에는 정중히 사과하고 미안함을 표시한 후 다른 객실을 추천한다.

## 2) 고객의 등록(Registration)

프런트에서 이루어지며 리셉션(reception)이라고도 하고, 등록업무를 담당하는 직원을 룸클럭(room clerk)이라고 한다. 호텔은 등록과정에서 등록카드를 작성한다. 등록과정에서 다음 사항을 반드시 기록해야 한다.

### (1) 등록카드

① 고객의 성명, 주소, 전화번호, 여권번호 및 투숙객 수

② 객실료

③ 퇴숙일, C/O Time

④ 룸 클럭 서명

⑤ 등록카드번호

⑥ 지불방법

REGISTRATION CARD

| Last Name(姓) | First Name(名) | □Mr. □Ms. □M/M □MMF | Arrival Date(到着日) | Departure Date(出宿日) |
|---|---|---|---|---|
| | | | Phone(電話) | Date of Birth(生年月日) |
| Address(住所) | | | Prestige No. | Purpose of Travel(旅行目的) |
| | | | Signature(署名) | |
| Passport No.(旅券番號) | Nationality(國籍) | | | |
| Name of Company(會社名) | Source of Business | | | |
| Room No. | Daily Rate | Payment (支拂方法) □Cash(現金) □Credit Card(信用カード) □Voucher(送状) □Charge to(支給處) | Deposit(預置金) | TAX |
| ※Remarks | | | | C/I Clerk |

SEOUL PLAZA HOTEL

[그림 5-6] Registration Card

## (2) 등록과정의 4단계

### ① 접근단계

접근단계의 주목적은 고객에게 최대한 빠르게 첫인상을 형성하는 것, 즉 호의적인 관심을 얻어내는데 그 목적이 있다. 따라서 룸 클럭의 첫 행동은 친절한 인사와 미소를 지으며, 우호적인 분위기로 서비스를 제공할 준비가 되어 있음을 보여야 한다.

### ② 상품소개단계

고객에게 객실과 서비스를 제공하는 과정으로 만일 고객이 객실료와 희망하는 객실에 관한 언급이 없을 때는 일반적으로 중간가격의 객실과 고가의 객실을 우선적으로 제시하는 것이 가장 좋다. 훌륭한 룸 클럭은 고객의 필요와 욕구를 만족시킬 수 있는 객실의 특징을 강조할 줄 알아야 한다. 고가의 객실을 판매하는 것은 판매수입을 증가시키는 결과이나, 판매는 어디까지나 가격을 판매하는 것이 아니고 가치를 팔고 있다는 것을 잊어서는 안 된다.

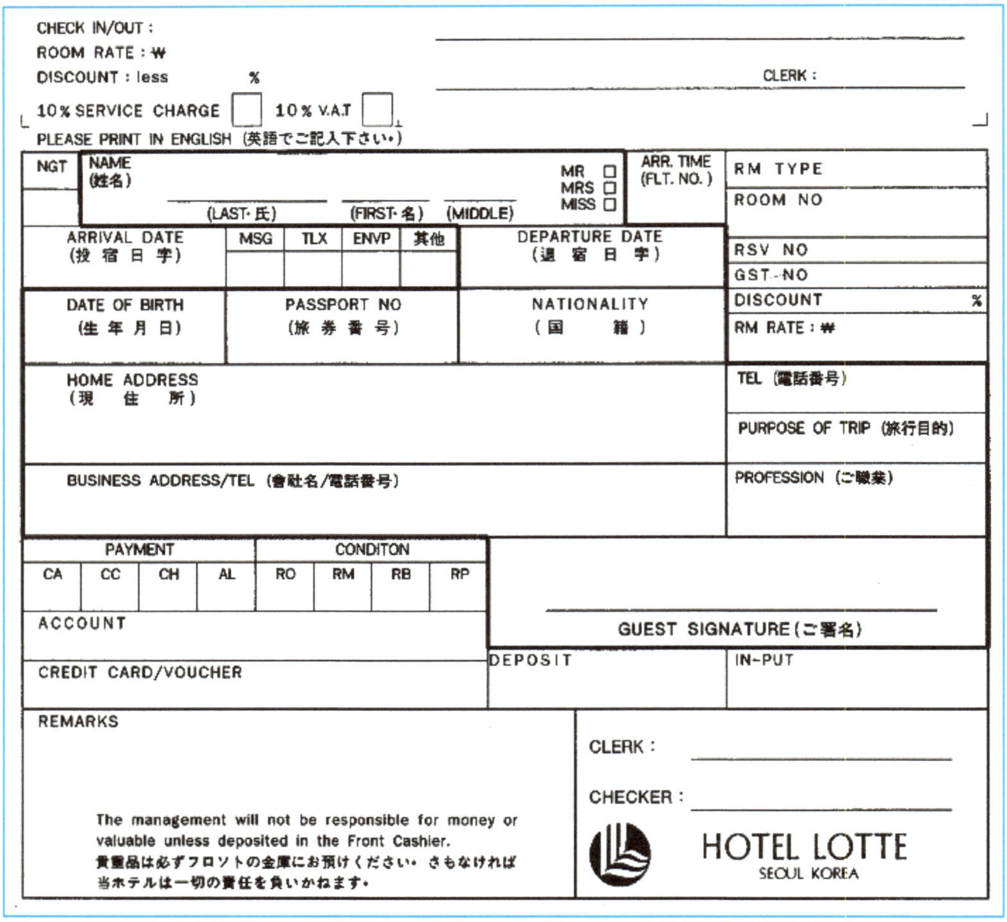
CHECK IN/OUT :
ROOM RATE : ₩
DISCOUNT : less %
CLERK :
10% SERVICE CHARGE 10% V.A.T
PLEASE PRINT IN ENGLISH (英語でご記入下さい.)

NGT | NAME (姓名) (LAST·氏) (FIRST·名) (MIDDLE) MR MRS MISS | ARR. TIME (FLT. NO.) | RM TYPE | ROOM NO

ARRIVAL DATE (投宿日字) | MSG | TLX | ENVP | 其他 | DEPARTURE DATE (退宿日字) | RSV NO | GST-NO

DATE OF BIRTH (生年月日) | PASSPORT NO (旅券番号) | NATIONALITY (国籍) | DISCOUNT % | RM RATE : ₩

HOME ADDRESS (現住所) | TEL (電話番号) | PURPOSE OF TRIP (旅行目的)

BUSINESS ADDRESS/TEL (會社名/電話番号) | PROFESSION (ご職業)

PAYMENT: CA CC CH AL | CONDITON: RO RM RB RP | GUEST SIGNATURE (ご署名)

ACCOUNT

CREDIT CARD/VOUCHER | DEPOSIT | IN-PUT

REMARKS

The management will not be responsible for money or valuable unless deposited in the Front Cashier.
貴重品は必ずフロントの金庫にお預けください。さもなければ当ホテルは一切の責任を負いかねます。

CLERK :
CHECKER :
HOTEL LOTTE
SEOUL KOREA

[그림 5-7] Registration Card

③ **반대극복단계**

고객의 반대에 대해 응대할 때는 특히 룸 클럭의 자세가 중요하다. 즉 주의 깊고 예의 바르게 고객의 말씀에 귀 기울일 수 있는 태도가 중요하며 대답을 너무 조급히 해서는 안 된다.

### ④ 판매종결단계

판매종결단계는 고객에게 구매행위를 완결하도록 만드는 것으로, 등록카드에 고객의 서명을 받는 과정이다.

Hotel Sofitel
AMBASSADOR SEOUL

| Surname(姓名) Mr. Mrs. Miss | Firstname | Initial | HOTEL USE |
|---|---|---|---|
| Address(住所) | | | Room No. / Room Type |
| City | Country | Nationality(國籍) | Rate / Market Code. |
| Date of Birth(生年月日) | Occupation & Title(職業 及 職責) | | Arrival |
| Passport Number(旅券番號) | Purpose of Travel(旅行目的) | | Departure |
| The hotel will not be held responsible for any valuables left by the guest in their rooms. Safe deposit boxes are available free of charge at the front office cashier counter. | | | Confirmation No. |
| Payment Method: Deposit / C. Card / Cash / To Company / Voucher | | | No. of Guests / Clerk |
| Name of Credit Card | Credit Card Number | | Special Requirements |
| Check Out Time : 12.00 Noon | | | |
| Company(會社名) | Telephone No. | | |
| Coming From | Next Destination | | |
| Company Account To | | | |

I agree to pay all charges incurred by me during my stay in the hotel, and to settle my account once it amounts to K-Won 500,000 unless prior arrangements have been made. Signature(署名)

[그림 5-8] Registration Card

## (3) 단체등록

단체가 등록할 경우에는 특별한 취급절차가 요구된다. 즉 단체고객의 사전등록은 입숙하기 전에 완료되어야 한다. 또한 단체를 위한 회계업무를 간소화하기 위하여 고객원장(master folio)이 준비되어야 한다. 호텔의 규모가 크고 단체고객을 많이 수용하는 호텔에서는 그룹 코디네이터(group coordinator)를 두어 단체를 전문적으로 담당하도록 한다.

① 도착시간, 항공편, 퇴숙시간 등을 사전에 알아둔다.

② 조기도착 고객에 관해 사전에 준비하여 객실정비가 지연될 때를 대비하여, 고객이 지루하게 기다리지 않도록 시간관리 계획을 세운다.

③ 단체의 인솔자 성명을 알아야 하며, 특별고객의 경우에 사용객실과 휠체어나 특별한 요구 등이 있으면 사전에 파악해 둔다.

④ 입실명단(rooming list)을 미리 확보하여 각 객실의 열쇠를 준비한다.

⑤ 단체등록 시 데스크를 일시적으로 분리하여 F.I.T 고객과의 혼잡을 피하는 것이 효율적이다.

### 3) 객실배정

고객이 희망하는 객실의 유형, 위치 및 가격의 객실을 파악하여 적절히 지정하는 것은 매우 중요하다. 룸 클럭의 비전문적인 접객태도 및 판매행위는 잠재적 반복고객 또는 단골고객을 놓칠 수 있다. 고객은 프런트 데스크에서 일어나는 불손, 결례를 제외한 모든 일들은 간과해 버리고 만다. 고객을 위한 객실배정은 룸 클럭의 주요한 기능 중의 하나이다. 객실배정은 최대한 능률적으로 즐겁고 예의바르게, 그리고 신속하게 해야 하며 프런트에서 지체됨이 없이 고객을 입실시키는 것이 중요하다.

#### (1) 객실배정의 기초절차

① 등록카드를 검토한다.

② 객실료와 퇴숙일자를 확인한다.

③ 열쇠는 벨맨에게 양도한다.

④ 고객에게 메시지나 우편물에 관해 문의한다.

⑤ 벨맨에게 고객을 안내하도록 한다.

#### (2) 객실배정의 약어

① DNS(did not stay)는 고객이 등록을 하였으나 호텔에 체류하지 않는 경우

② RNA(registered, not assigned)는 등록을 끝마쳤으나 객실을 지정받지 못한 상태

③ PIA(paid in advance)는 고객이 선불금을 지불하였을 경우

④ SPATT(special attention)는 특별관심 표명을 의미

### 4) 정보제공

투숙객들은 항시 자신의 여행이나 사업에 관련하여 다양한 정보가 필요하다. 이때 고객이 원하는 정보를 인포메이션 클럭(information clerk)이 제공하여야 한다. 호텔 내 · 외부의 정보와 지식을 프런트 데스크에서 제공하지 않으면 안 된다. 도시, 여행, 관광자원, 명소, 종교 관련, 레스토랑 관련, 공항 및 열차 등의 교통수단의 이용에 이르기까지 정확한 지식을 파악해 두었다가 고객의 질의와 요청에 즉시 응답해 줄 수 있는 인포메이션 클럭이 되어야 한다. 투숙객이 원하는 정보를 제공하여 선용하는 과정에서 고객의 체재를 연장시켜 호텔의 수입증대에 기여할 수 있다.

① 고객이 묻는 내용이 불합리하더라도 항상 정중하고 성실하게 관심을 표명한다.
② 고객과의 대화 중에는 언쟁을 피한다.
③ 타 부서와 관련 있는 사항일지라도 친절하게 설명하고 책임이양하지 않는다.
④ 노인이나 어린이를 동반한 고객께는 보다 깊은 성의를 보인다.
⑤ 고객에게 정보를 제공하면서도 고객으로부터 얻는 새로운 정보에 재치 있게 대응한다.
⑥ 외부에서 투숙객을 찾아 온 경우에는 사전연락을 취하여 의사를 확인한다.
⑦ 투숙객의 이름은 모르고 객실번호만 알고 찾아올 경우는 거절한다.
⑧ 퇴숙고객의 연락처 등의 요청은 거절한다.

### 5) 메시지 전달

미도착객의 메시지나 연락처 등의 요청은 가능한 정중하게 거절하는 것이 좋다. 프런트 데스크에서 메시지의 취급은 메시지 클럭(message clerk)이 담당한다. 프런트 데스크에서 취급하는 메시지는 다음과 같다.

① 외부에서 객실로 방문하러 왔다가 투숙객이 부재할 때 메시지를 남기는 경우
② 투숙객이 부재 시 방문객이 호텔 내부에서 대기하고 있는 경우
③ 전화로 고객을 찾는데 '부재 시 메시지'를 남기는 경우
④ 도착 예정객에게 전하는 메시지
⑤ 투숙객이 외출 시 방문객이 물품을 전달해 주도록 하는 메시지

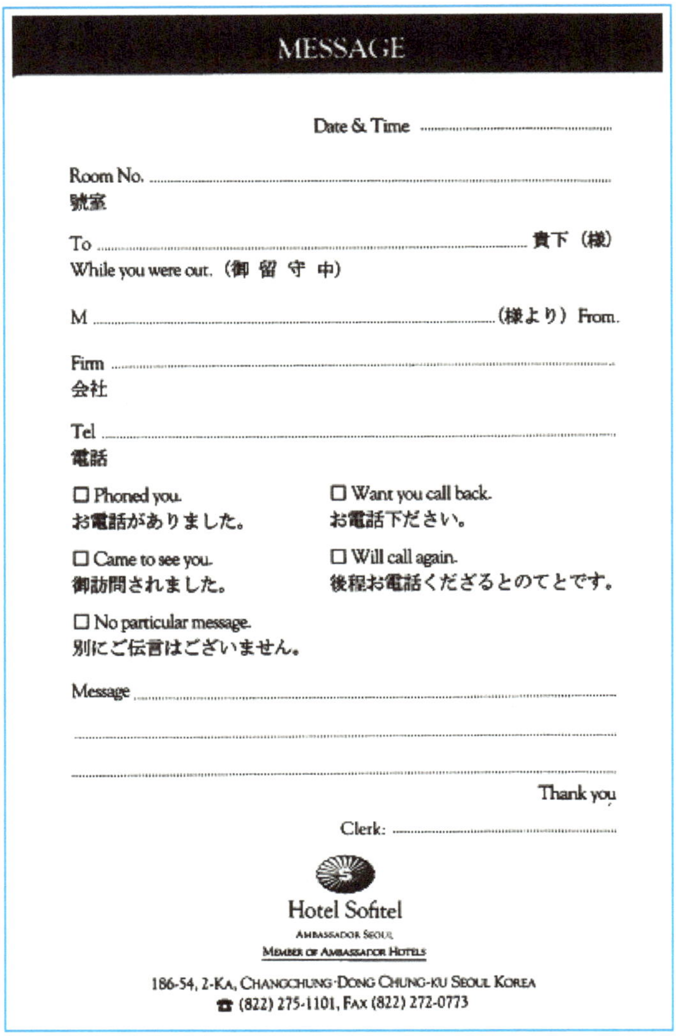

MESSAGE

Date & Time ..............................

Room No. ..............................
號室

To .............................. 貴下 (様)
While you were out. (御 留 守 中)

M .............................. (様より) From.

Firm ..............................
会社

Tel ..............................
電話

☐ Phoned you.
お電話がありました。

☐ Want you call back.
お電話下さい。

☐ Came to see you.
御訪問されました。

☐ Will call again.
後程お電話くださるとのことです。

☐ No particular message.
別にご伝言はございません。

Message ..............................

..............................

..............................

Thank you

Clerk: ..............................

Hotel Sofitel
Ambassador Seoul
Member of Ambassador Hotels

186-54, 2-Ka, Changchung-Dong Chung-ku Seoul Korea
☎ (822) 275-1101, Fax (822) 272-0773

[그림 5-9] Message Card

### 6) 키(Key)

키 클락은 대규모 호텔에서 볼 수 있는 분업된 한 형태의 직종이다. 룸 클락이 객실의 숙박등록 절차가 끝나고 나서 열쇠를 인도해주고 고객의 체재기간 중 열쇠를 보관하는 것이 원칙이나, 실제 호텔에서는 분업의 필요성이 보다 절실하여 열쇠의 인도, 보관의 주된 업무를 전담할 수 있는 직원이 요청되는 것이다.

키 클락은 항시 룸 클락의 곁에서 고객의 객실왕래 동태에 관한 정보를 파악하고, 우편물의 전달과 레코드 클락의 업무도 함께 보조하는 것이 통상업무이다. 패스 키(pass key)는 각 층별로 하나씩 주어지는 키를 말하며, 마스터 키(master key)는 고객이 키를 분실하였거나 객실 내부에 문제가 발생하였을 경우에 모든 객실을 열 수 있는 만능열쇠를 말한다.

① 열쇠 인도
② 고객 문의에 응답
③ 예비열쇠 관리
④ 분실열쇠 관리
⑤ 등록보조
⑥ 마스터 키 관리

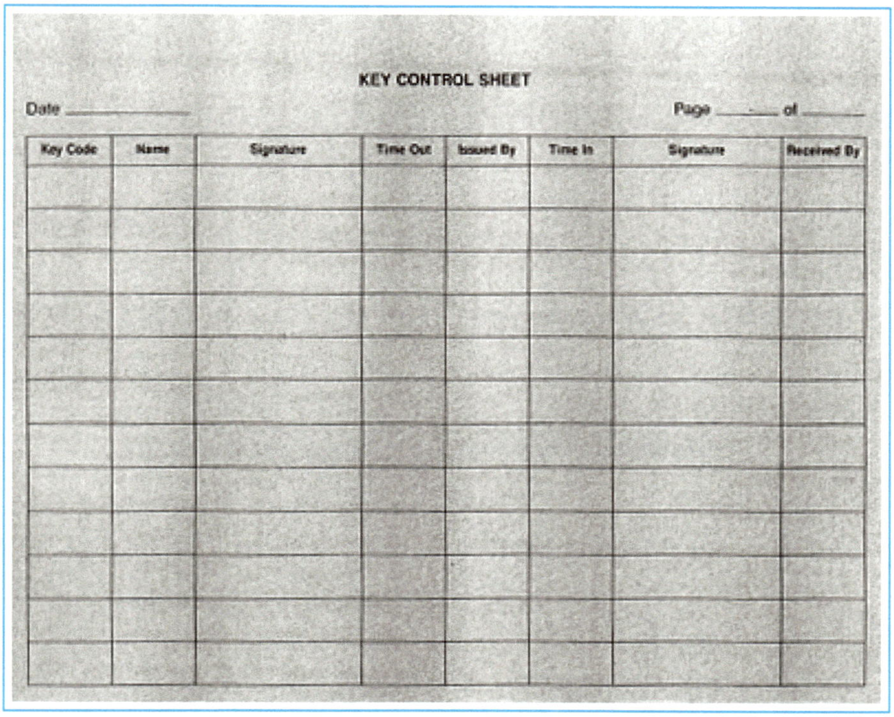

KEY CONTROL SHEET

Date ________ Page ____ of ____

| Key Code | Name | Signature | Time Out | Issued By | Time In | Signature | Received By |
|---|---|---|---|---|---|---|---|
| | | | | | | | |
| | | | | | | | |
| | | | | | | | |
| | | | | | | | |
| | | | | | | | |
| | | | | | | | |
| | | | | | | | |
| | | | | | | | |
| | | | | | | | |
| | | | | | | | |
| | | | | | | | |
| | | | | | | | |

[그림 5-10] Key Control Sheet25)

### 7) 메일(Mail)

호텔에 새로 전달되는 우편물 등을 고객에게 전해주고 미도착 고객의 우편물을 보관하였다가 전해주고 퇴숙한 고객에게 추송하는 등의 일이 메일 클럭(mail clerk)의 주된 직무이다.

가족, 집, 친구들에게 떨어져 있어 이들로부터 재산과 사업 및 안부에 관한 여러 정보를 이어주는 것이 곧 메일이다. 이러한 관점에서 호텔의 메일 클럭은 곧 고객의 재산과 사업상과 깊이 관계되어 있음을 잠시도 잊어선 안 된다.

### (1) Incoming Mail

수령하는 모든 우편물은 Time Stamp를 찍고, 보통우편물과 특수우편물을 구분하고 전달한다. 고객에게 전달할 때에는 반드시 고객에게 Sign을 받아야 한다. 미도착 고객의 우편물인 경우에는 Mail Box에 보관한다. 이것을 Hold Mail이라고 한다.

### (2) Outgoing Mail

메일 클럭은 세계 각국의 우편요금 리스트를 가지고 있어야 한다. 고객에게 좋은 서비스를 제공하기 위하여 우표를 팔기도 하고 우편저울을 준비하여 차질이 없도록 한다.

### (3) Forwarding Address

투숙객이 퇴숙할 때 차후 도착 예정지의 주소 또는 자택, 회사의 주소를 남기는 경우를 말한다. 퇴숙하는 고객이 원하는 경우에 유효기간을 표시하고 파일에 보관한다.

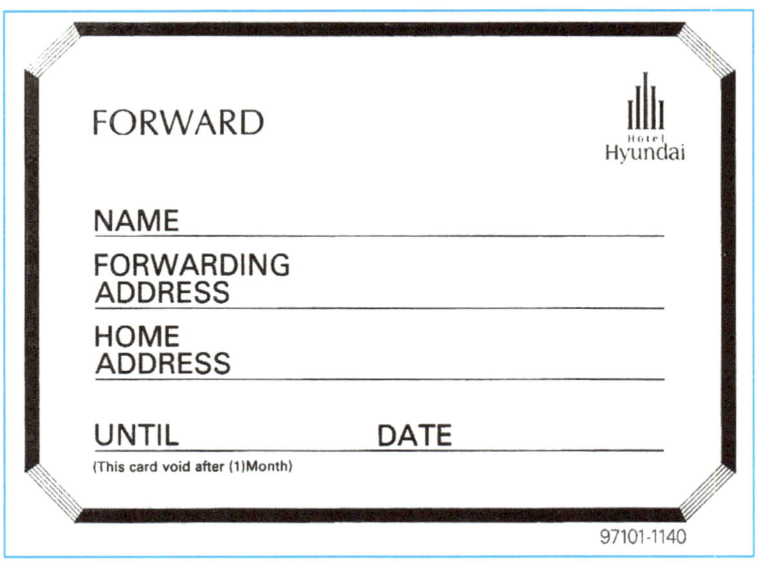
FORWARD

Hotel Hyundai

NAME

FORWARDING ADDRESS

HOME ADDRESS

UNTIL DATE

(This card void after (1)Month)

97101-1140

[그림 5-11] Forwarding Address Card

## 8) 회계수납

프런트에서 퇴숙고객의 정산업무를 담당하는 직원을 프런트 캐셔(front cashier)라고 하며, 주요업무는 투숙객의 고객원장에 요금전기, 체크아웃처리 및 정산내역 설명, 현금 및 환전업무, 고객의 귀중품 보관업무 등이다.

### (1) 고객원장에 요금 전기

대부분의 경우에는 정보시스템으로 인하여 객실뿐만 아니라 각 업장에서 이용한 서비스에 대한 대가로 빌(bill)을 발생시키고 터미널을 이용하여 자동적으로 고객의 원장에 입력된다. 그러나 일부의 경우에는 프런트 캐셔가 직접 입력한다.

① Paid Out

투숙하고 있는 고객들의 편의를 도모하기 위해서 소액현금을 빌려주고 퇴숙 시 정산하는 서비스를 의미한다. 이러한 소액현금은 Petty Cash라고 한다.

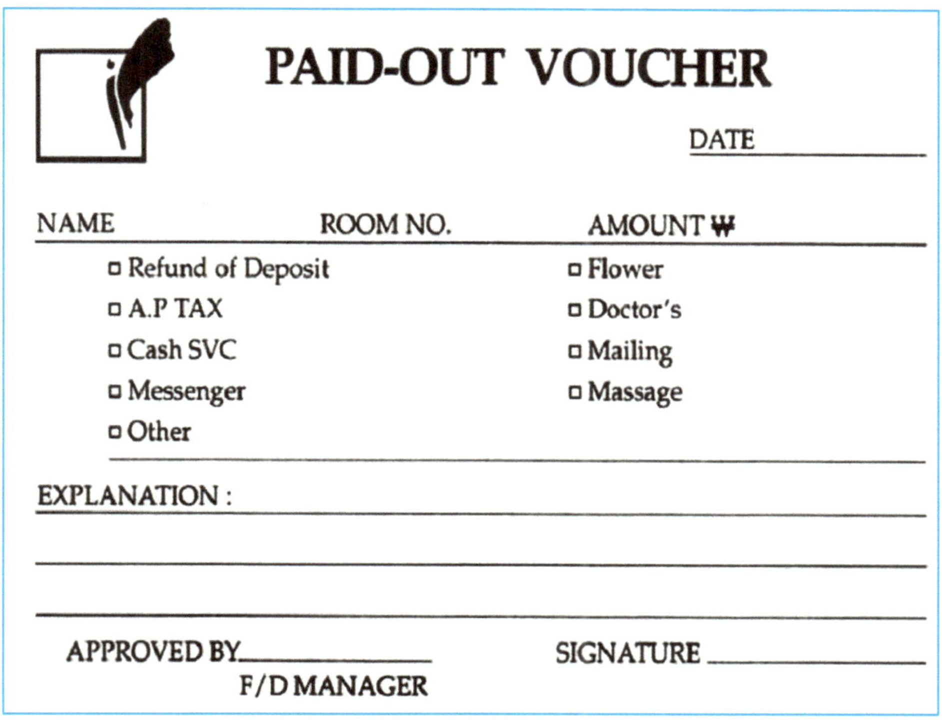
PAID-OUT VOUCHER

DATE ____________

NAME　　　ROOM NO.　　　AMOUNT ₩

- □ Refund of Deposit
- □ A.P TAX
- □ Cash SVC
- □ Messenger
- □ Other
- □ Flower
- □ Doctor's
- □ Mailing
- □ Massage

EXPLANATION :

APPROVED BY____________ F/D MANAGER　　　SIGNATURE ____________

[그림 5-12] Paid Out Voucher

**PETTY CASH VOUCHER**

SEOUL RENAISSANCE HOTEL

PAY TO: ______________________ DATE: ______________________

AMOUNT: ₩______________________ DEPARTMENT: ____________ TEL NO: ____________

| DESCRIPTION | A/C CODE | AMOUNT |
|---|---|---|
| | | |
| | | |
| | | |
| | | |
| | TOTAL | ₩ |

RECEIVED BY: ______________________ CHECKED BY: ______________________

REQUESTED BY: ______________________

APPROVED BY: ______________________ APPROVED BY: ______________________

DIVISION HEAD ACCOUNTING

[그림 5-13] Petty Cash Voucher

② Miscellaneous

시설의 파손으로 인한 변상금이나 호텔객실의 타월 등을 판매한 잡수입을 의미한다.

기 타 수 입 및 대 체 기 록 표
MISCELLANEOUS VOUCHER

HILTON

№ 5901

| NAME | ROOM | DATE |
|---|---|---|
| | | |
| | | |
| | | |

APPROVED BY ______________________

______________________
GUEST'S SIGNATURE

[그림 5-14] Miscellaneous Voucher

③ Allowance

정산이 끝난 매출액을 객실의 하자, 미니 바(mini-bar) 오류, 요금의 잘못된 적용, 이중 계상, 투숙일 초과계상, 전화요금 오류, 종사원의 실수 등의 불가피한 사정으로 인하여 조정해야 할 경우를 말한다.

HILTON

조 정 전 표
ALLOWANCE VOUCHER

3999

NAME ROOM DATE

[그림 5-15] Allowance Voucher

## (2) 투숙객 정산업무

퇴숙고객에 대한 정산 업무는 고객의 폴리오(folio)를 기본으로 하여 객실요금, 전화 사용료, 미니 바(mini-bar), 룸서비스, 각종 레스토랑, 기타 부대시설 등을 빠짐없이 확인하여야 한다. 요금 정산 시에 고객의 선수금 확인, 카드 오픈 등을 확인하여 실수가 없도록 하여야 한다.

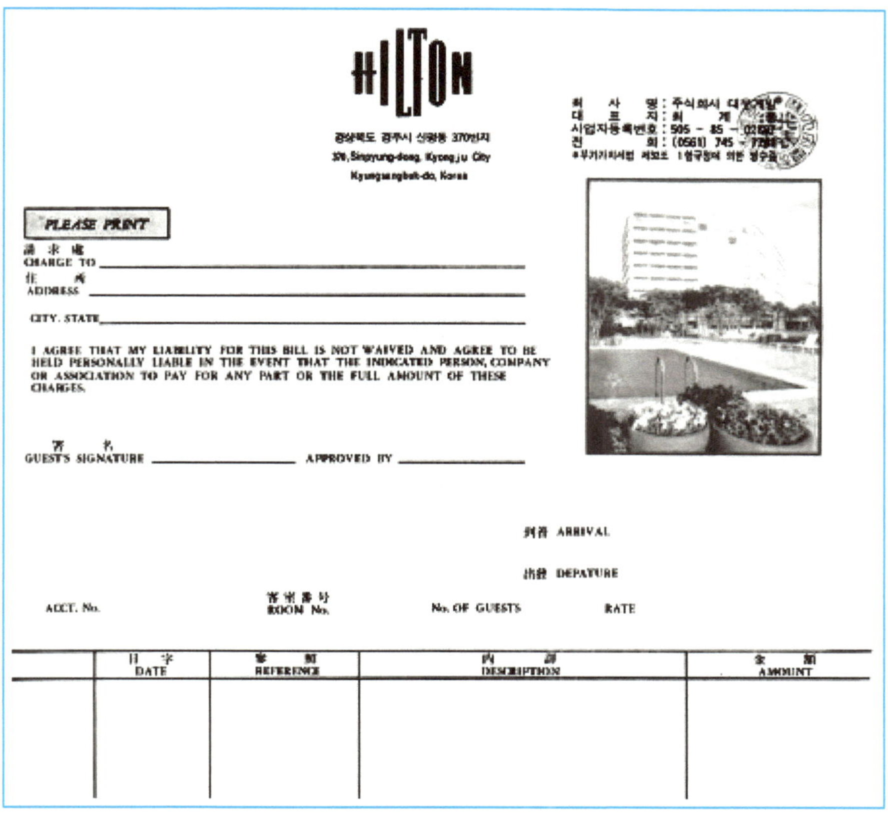

HILTON

경상북도 경주시 신평동 370번지
370, Sinpyung-dong, Kyongju City
Kyungsangbuk-do, Korea

PLEASE PRINT

請求處
CHARGE TO

住所
ADDRESS

CITY, STATE

I AGREE THAT MY LIABILITY FOR THIS BILL IS NOT WAIVED AND AGREE TO BE HELD PERSONALLY LIABLE IN THE EVENT THAT THE INDICATED PERSON, COMPANY OR ASSOCIATION TO PAY FOR ANY PART OR THE FULL AMOUNT OF THESE CHARGES.

署名
GUEST'S SIGNATURE APPROVED BY

到着 ARRIVAL

出發 DEPATURE

ACCT. No. 客室番号 ROOM No. No. OF GUESTS RATE

| | 日字 DATE | 摘要 REFERENCE | 內譯 DESCRIPTION | 金額 AMOUNT |
|---|---|---|---|---|
| | | | | |

[그림 5-16] Guest Folio

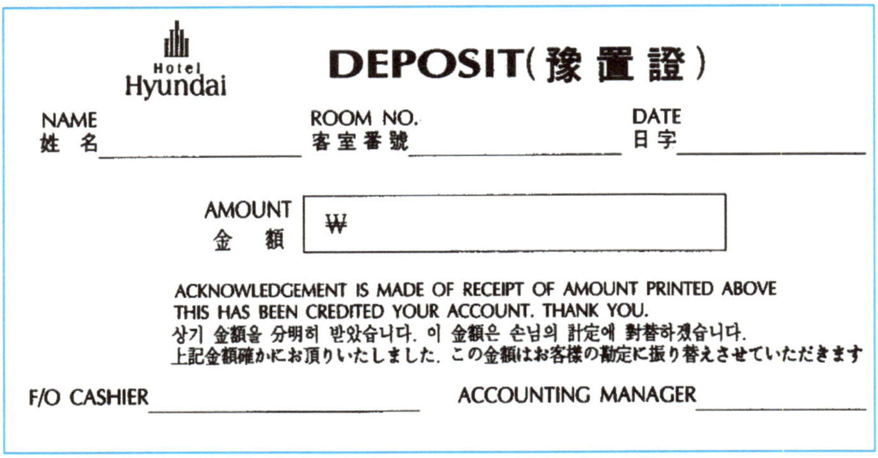
Hotel Hyundai

**DEPOSIT(豫置證)**

NAME 姓 名 ______ ROOM NO. 客室番號 ______ DATE 日字 ______

AMOUNT 金 額 ₩

ACKNOWLEDGEMENT IS MADE OF RECEIPT OF AMOUNT PRINTED ABOVE
THIS HAS BEEN CREDITED YOUR ACCOUNT. THANK YOU.
상기 金額을 分明히 받았습니다. 이 金額은 손님의 計定에 對替하겠습니다.
上記金額確かにお預りいたしました. この金額はお客様の勘定に振り替えさせていただきます

F/O CASHIER ______ ACCOUNTING MANAGER ______

[그림 5-17] Deposit Voucher

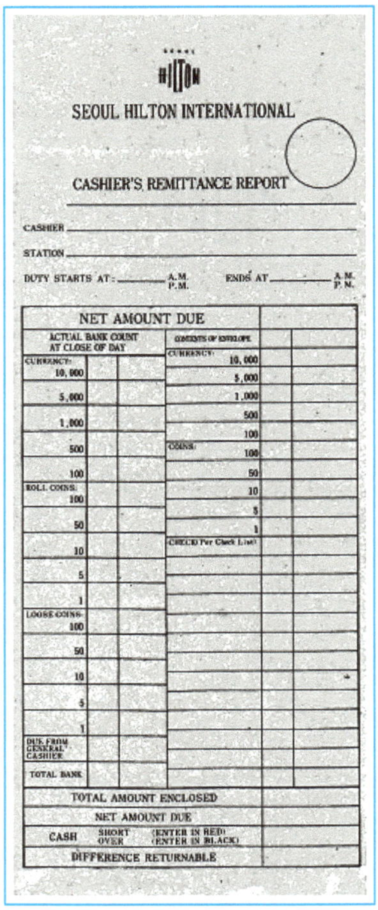
SEOUL HILTON INTERNATIONAL

CASHIER'S REMITTANCE REPORT

CASHIER ______

STATION ______

DUTY STARTS AT: ______ A.M. P.M. ENDS AT ______ A.M. P.M.

| NET AMOUNT DUE | | | | | |
|---|---|---|---|---|---|
| ACTUAL BANK COUNT AT CLOSE OF DAY | | | CONTENTS OF ENVELOPE | | |
| CURRENCY: 10,000 | | | CURRENCY: 10,000 | | |
| 5,000 | | | 5,000 | | |
| 1,000 | | | 1,000 | | |
| 500 | | | 500 | | |
| 100 | | | 100 | | |
| ROLL COINS: 100 | | | COINS: 100 | | |
| 50 | | | 50 | | |
| 10 | | | 10 | | |
| 5 | | | 5 | | |
| 1 | | | 1 | | |
| LOOSE COINS: 100 | | | CHECK (Per Check List) | | |
| 50 | | | | | |
| 10 | | | | | |
| 5 | | | | | |
| 1 | | | | | |
| DUE FROM GENERAL CASHIER | | | | | |
| TOTAL BANK | | | | | |
| TOTAL AMOUNT ENCLOSED | | | | | |
| NET AMOUNT DUE | | | | | |
| CASH SHORT (ENTER IN RED) OVER (ENTER IN BLACK) | | | | | |
| DIFFERENCE RETURNABLE | | | | | |

[그림 5-18] Cashier's Remittance Report

**ROOM/RATE CHANGE NOTICE**

| | |
|---|---|
| DATE : | TIME : |
| GUEST'S NAME : | |
| ROOM NO - FROM : | TO : |
| RATE - FROM : | TO : |
| EXPLANATION : | |
| F/D CLERK : | ATTENDANT : |
| APPROVED BY : | |

[그림 5-19] Room Rate Change Notice

### (3) 환전업무

환전상이라는 제도를 두고 외국인 관광객의 환전편의를 도모하고 외국환의 조기집중 및 외화유출을 방지하기 위하여 운영하고 있다. 고객으로부터 외화 또는 여행자수표를 매입할 때는 환전 신청서(application for exchange)에 신청자의 서명, 국적 및 여권번호, 일자, 외국환의 종류 및 금액, 적용환율, 원화환가액을 기입한 뒤 외환매입증서를 고객에게 교부하여야 한다. 외환매입증서는 재환전 시에 제시하여야 한다. 환전상의 환전원은 지정영수통화의 당일 환율을 거래 외국환은행으로부터 통보받아 이를 고객에게 고시하고, 이를 적용하여 환전하며 전신환 매입률 기준의 1/100 범위 내에서 환전수수료를 받을 수 있게 되어 있다. 프런트 캐셔는 General Cashier로부터 환전자금을 가지급 형식으로 할당받아 환전마감 시 취득한 외국환과 교환잔금을 환전집계표 및 환전신청서와 함께 General Cashier에게 제출한다. General Cashier는 매입한 외국환 화폐 또는 여행자 수표를 익일까지 외국환 은행에 매각 또는 예치하여야 한다.

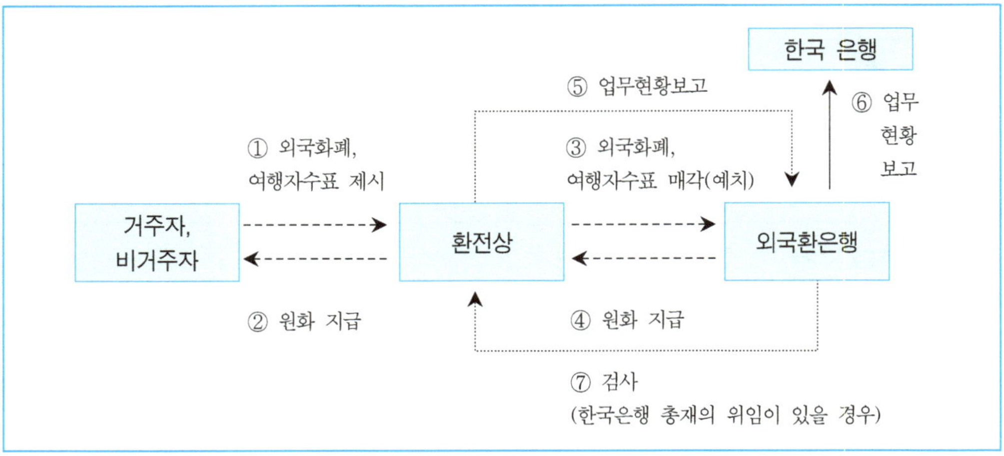


[그림 5-20] 환전상의 업무흐름

① 환전상은 거주자 또는 비거주자로부터 지정영수통화로 표시된 외국통화 및 여행자수표를 제시받으면 내국지급수단인 원화를 대가로 지급하고 이를 매입한다.

② 환전상의 취급수수료

지정거래 외국환은행에서 정하는 당일의 당해 통화의 '외국환은행 대고객 전신환매입률의 1/100 이내'로 한다.

*환전상 취급수수료=지정거래 외국환은행의 당일 해당통화 대고객 전신환매입률(TT/B)× 1/100 이내

③ 환전상 매입률

환전상 매입률은 해당 외국환별로 지정거래 외국환은행의 대고객 매입률에서 환전상 취급수수료를 공제한 비율로서 각 통화형태별로 대고객 매입률을 산출한다.

*호텔의 외국환매입률 = 지정거래 외국환은행의 당일 해당통화형태별 대고객매입률－환전상 취급수수료

## ④ 환전상 매입률 예시

**[환전상 매입률 예시]**

● 6.30 현재 미국 달러(US $)의 경우

○ 대고객 전신환매입률 : 802.30 (A)

○ 대고객 매입률
- 지폐 : 793.42 (B)
- 주화 : 563.85 (C)
- 여행자수표 : 800.99 (D)

* 상기 매입률(A~D)을 지정거래 외국환은행에 문의하여 파악

㉮ 환전상 취급수수료 = (A) × 1/100
= 802.30 × 1/100
= 8.0230 ----------➤ 8.02 (E)

* 환전상 취급수수료는 (A)의 1/100 이내이어야 하므로 소수점 둘째 자리 미만은 절사

㉯ 환전상 매입율
- 현 찰
  - 지폐 : (B) − (E) = 793.42 − 8.02
    = 785.40 (F)
  - 주화 : (C) − (E) = 563.85 − 8.02
    = 555.83 (G)
- 여행자수표 : (D) − (E) = 800.99 − 8.02
  = 792.97 (H)

* (F~H)를 환전상에서 산출하여 환전창구에 게시함

[그림 5-21] 환전상의 매입률 예시

## ⑤ 외국환매각신청서와 외국환매입증명서

<서식 제10호>

환 전 상 용

외 국 환 매 각 신 청 서
APPLICATION FOR SALE OF FOREIGN EXCHANGE
外國爲替賣却申請書

매각자서명(Signature / 賣却者署名) :

국적 및 여권번호(Nationality & Passport No. / 國籍及び旅券番號) :

- 본인은 다음의 외국환을 외국환관리규정에 따라 원화로 매각코자 요청합니다.
- I(We) hereby reuqest you to purchase the following foreign exchange for Won currency in accordance with your Foreign Exchange Management Regulations.
- 本人は次の外國爲替を外國爲替の管理規程によってウォン貨に賣却するようお願い致します.

| 일 자<br>DATE<br>日 付 | 외국환의 종류 및 금액<br>AMOUNT OF FOREIGN EXCHANGE<br>外國爲替の種類及び金額 | 적 용 환 율<br>EXCHANGE RATE<br>適 用 相 場 | 원 화 환 가 액<br>WON EQUIVALENT<br>ウォン貨 |
|---|---|---|---|
| | | | |

환전상명 및 취급자서명(Authorized Signature & Name of Money Changer / 換錢商名及び取扱者署名) :

지정거래 외국환은행 : 은행 부(점)

[그림 5-22] 환국환 매각신청서

<서식 제11호>

(앞 면)

| 환 전 상 용 |
|---|

외국환매입증명서

CERTIFICATE OF FOREIGN EXCHANGE PURCHASED

外國爲替買入證明書

매각자서명(Signature 賣却者署名):

국적 및 여권번호(Nationality & Passport No. 國籍及び旅券番號):

• 귀하로부터 다음과 같이 외국환을 매입하였음을 증명합니다.

• This is to certify that we have purchased foreign exchange from you as follows.

• お客樣から次のように外國爲替を買取ったことを證明する.

| 일 자<br>DATE<br>日 付 | 외국환의 종류 및 금액<br>AMOUNT OF FOREIGN EXCHANGE<br>外國爲替の種類及び金額 | 적 용 환 율<br>EXCHANGE RATE<br>適 用 相 場 | 원 화 환 가 액<br>WON EQUIVALENT<br>ウォン貨 |
|---|---|---|---|
| | | | |

환전상명 및 취급자서명(Authorized Signature & Name of Money Changer 換錢商名及び取扱者署名):

지정거래 외국환은행: 은행 부(점)

(뒷 면)

• 참 고: 귀하가 미사용 원화를 외국통화로 재환전하고자 할 때에는 외국환은행이나 개항장 또는 통관비행장에 설치된 금융기관인 환전상에 본 증서를 제시하여야 합니다.

• REMARKS: If you wish to reconvert any unused portion of your Won currency into foreign currency, please present this certificate to foreign exchange bank or authorized money changer at any international airport or port.

• 注 意: お客樣が未使用のウォン貨を外國通貨に再換錢する時には外國爲替銀行及び開港場又は通關飛行場にある金融機關である換錢商にこの證書を提示しなければならない.

재환전상황(Reconversion 再換錢狀況):

매각자서명(Signature 賣却者署名):

국적 및 여권번호(Nationality & Passport No. 國籍及び旅券番號):

| 일 자<br>DATE<br>日 付 | 원 화 금 액<br>WON AMOUNT<br>ウォン貨 | 적 용 환 율<br>EXCHANGE RATE<br>適 用 相 場 | 외국환의 종류 및 금액<br>AMOUNT OF FOREIGN EXCHANGE<br>外國爲替の種類及び金額 |
|---|---|---|---|
| | | | |

재환전환전상 또는 외국환은행명(Name of Money changer of Foreign Exchange Bank 換錢商名又は外國爲替銀行名):

[그림 5-23] 외국환매입증명서

⑥ 일일환전보고서

일 일 환 전 보 고 서
MONEY CHANGER DAILY REPORT

DATE: ____________

SHIFT: ____________

MONEY CHANGER ____________

RECEIPT NO. FROM: ____________ TO ____________

| CURRENCIES | | | AMOUNT | RATE | KOREAN ₩ |
|---|---|---|---|---|---|
| U. S. A. | $ | CASH | | @ | |
| | | T/C | | @ | |
| JAPAN | ¥ | CASH | | @ | |
| | | T/C | | @ | |
| BRITISH | £ | CASH | | @ | |
| | | T/C | | @ | |
| GERMANY | DM | CASH | | @ | |
| | | T/C | | @ | |
| SWITZERLAND | SFR | CASH | | @ | |
| | | T/C | | @ | |
| HONG KONG | HK$ | CASH | | @ | |
| CANADA | CN$ | " | | @ | |
| FRANCE | FFr | " | | @ | |
| ITALY | LIR | " | | @ | |
| SWEDEN | Skr | " | | @ | |
| AUSTRALIA | A$ | " | | @ | |
| DENMARK | Dkr | " | | @ | |
| BELGIUM | BFr | " | | @ | |
| AUSTRIA | Sch | " | | @ | |
| NORWAY | Nkr | " | | @ | |
| NETHERLANDS | DFI | " | | @ | |
| SAUDI ARABIA | SR | " | | @ | |
| KUWAIT | KDin | " | | @ | |
| BAHRAIN | BD | " | | @ | |
| UAE | DH | " | | @ | |
| TOTAL | | | | | |

BALANCE ON HAND FROM LAST SHIFT: WON(₩) ____________

ADD: AMOUNT FROM FRONT CASHIER ____________

ADD: AMOUNT FROM GENERAL CASHIER ____________

TOTAL ____________

LESS: AMOUNT TO GENERAL CASHIER ____________

BALANCE ON HAND TO NEXT SHIFT: ____________

[그림 5-24] 일일환전보고서

⑦ 통화고시환율

〈표 5-2〉 통화고시환율

| 통화코드 | 국가명 | 송금 | | 현찰 | | T/C |
|---|---|---|---|---|---|---|
| | | 보내실 때 | 받으실 때 | 사실 때 | 파실 때 | 사실 때 |
| USD | 미국 | 1,074.80 | 1,054.20 | 1,083.12 | 1,045.88 | 1,077.27 |
| JPY | 일본 | 1,327.77 | 1,302.27 | 1,338.03 | 1,292.01 | 1,330.80 |
| EUR | 유럽연합 | 1,539.60 | 1,509.12 | 1,554.84 | 1,493.88 | 1,547.22 |
| GBP | 영국 | 1,717.54 | 1,683.54 | 1,734.55 | 1,666.53 | 1,726.04 |
| CAD | 캐나다 | 1,113.56 | 1,091.52 | 1,124.59 | 1,080.49 | 1,119.07 |
| CHF | 스위스 | 1,280.70 | 1,255.34 | 1,293.38 | 1,242.66 | 1,287.04 |
| HKD | 홍콩 | 138.11 | 135.39 | 139.48 | 134.02 | 138.80 |
| CNY | 중국 | 166.21 | 162.93 | 176.08 | 153.06 | 172.79 |
| THB | 태국 | 35.43 | 34.73 | 35.78 | 34.38 | 35.60 |
| IDR | 인도네시아 | 12.58 | 12.34 | 12.70 | 12.22 | 12.64 |
| SEK | 스웨덴 | 169.30 | 165.96 | 170.98 | 164.28 | 170.14 |
| AUD | 호주 | 1,154.70 | 1,131.84 | 1,166.13 | 1,120.41 | 1,160.41 |
| DKK | 덴마크 | 206.56 | 202.48 | 208.61 | 200.43 | 207.58 |
| NOK | 노르웨이 | 198.85 | 194.93 | 200.82 | 192.96 | 199.84 |
| SAR | 사우디 | 296.68 | 281.02 | 289.52 | 278.18 | 288.10 |
| KWD | 쿠웨이트 | 3,916.22 | 3,838.68 | 3,954.99 | 3,799.91 | 3,935.61 |
| BHD | 바레인 | 2,851.97 | 2,795.51 | 2,880.21 | 2,767.27 | 2,866.09 |
| AED | U.A.E | 292.70 | 286.92 | 295.60 | 284.02 | 294.15 |
| SGD | 싱가포르 | 877.16 | 859.80 | 885.84 | 851.12 | 881.50 |

### (4) 귀중품 보관(Safe Deposit Box)

고객의 귀중품을 보관하였다가 되돌려 주는 서비스로 반드시 보관증을 발급하고 귀중품에 관한 약관을 설명하여야 한다.

I hereby acknowledge that all property stored in the safe deposit box of the **Hotel Hyundai** has been safely withdrawn, and all liability of the **Hotel Hyunday** there fore is released.
金庫に預けたものを正に受けとりました. 依つて貴社の保管責任を解除します.

| Date | Signature | Time | Cashier |
|---|---|---|---|
| | | | |
| | | | |
| | | | |
| | | | |
| | | | |

## Safe Deposit Box Application

(貸金庫ご利用證)　　No.

| Room No. | | |
|---|---|---|
| Print Name | | |
| Signature | Date & Time | |
| Box No. | Cashier | |

## Conditions Governing Usage.

下記の約定承認して貸金庫を借問用いたします.

### Safe Deposit Box

1. The use of this safe deposit box is limited to the period of stay at the Hotel Hyundai.
2. The deposit box shall be locked or unlocked only by the person(s) signing this application from.
3. The Hotel HUUNDAI is not responsible for any damage or loss resulting from the loss of the key through carelessness, theft, or other causes. In the event your key is lost, there will be a charge of ₩70,000 for replacement of lost key.
4. The safe deposit box is released upon check out and the key returned to the hotel. If the safe deposit box is still occupied without the hotel's open the box and remove the contents which will be given to the authorities as fogotten articles.

### 貸金庫のご案内

1. 貸金庫のご利用は,當ホテルご滯在期間中に限らせていただきます.
2. 貸金庫の開閉はご利用證にご署名のある方のみが行なえことができます.
3. 貸金庫の鍵を紛失した結果生じた損害につきましては, その原因の如何を問わす, 當ホテルは一切の責任を負いません. 万一鍵を紛失さわた場合は, 弁償金實費70,000ウオンをご請求させて戴きます.
4. 借用期間滿了の際は, 直ちに貸金庫をお明けになり, 鍵をご退却くだちい, 尚, 期間滿了後三ケ月間何もご連絡の無い場合たは, 當ホテルにて金庫を開錠し, 保管さわていた物品は遺失物として所轄の機關に屆け出ます.

[그림 5-25] Safe Deposit Box Application

## 9) 각종 보고서 작성

객실판매현황의 파악과 객실영업일보 등 각종 보고서 작성은 나이트 클럭(night clerk)이 주로 담당하며, 근무시간은 밤 10시에서 익일 아침 7시까지이다.

### (1) 주요업무

① 키 점검

② 야간도착고객 체크인 절차

③ 노쇼, 취소 처리

④ 객실상황표 작성

⑤ 일일보고서 작성

⑥ 로그 북(log book) 작성

⑦ 익일 체크아웃 고객 현황파악

### (2) 일일보고서

① 객실점유율(room occupancy) = $\frac{\text{판매객실 수}}{\text{판매가능객실 수}} \times 100$

② 평균객실료(average room rate) = $\frac{\text{순수객실매출액}}{\text{판매객실 수}}$

③ 침대이용률(bed occupancy) = $\frac{\text{판매침대 수}}{\text{총침대 수}} \times 100$

④ 노쇼율(no show) = $\frac{no-show\text{객실 수}}{\text{예약된 객실 수}} \times 100$

⑤ 일드율(yield) = $\frac{\text{실질매출총액}}{\text{잠재매출총액}} \times 100$

⑥ 더블판매점유율(double occupancy) = $\frac{\text{고객 수} - \text{판매객실 수}}{\text{판매객실 수}} \times 100$

⑦ RevPAR(revenue per available room) = room occupancy × average room rate

## 3. 기타업무

### 1) 교환실 업무(Telephone Operator)

호텔에서는 교환실을 P.B.X 또는 스위치보드(switch board)라고도 한다. 교환실의 주요업무는 교환업무, 모닝콜(morning call), 시외 및 국제전화 연결, 업무일지 작성, 호텔 안내업무 등이다. 객실에서는 대부분 고객이 직접 시외전화나 국제통화를 걸 수 있어 교환실의 업무가 매우 간소화되었다.

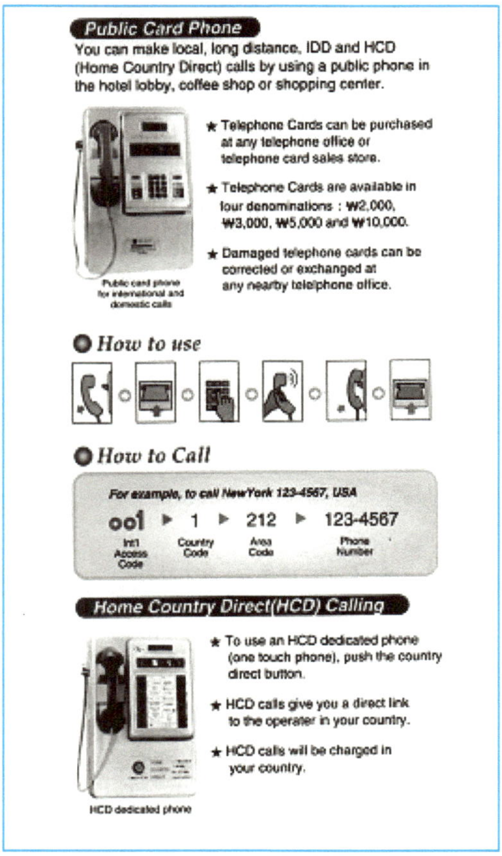


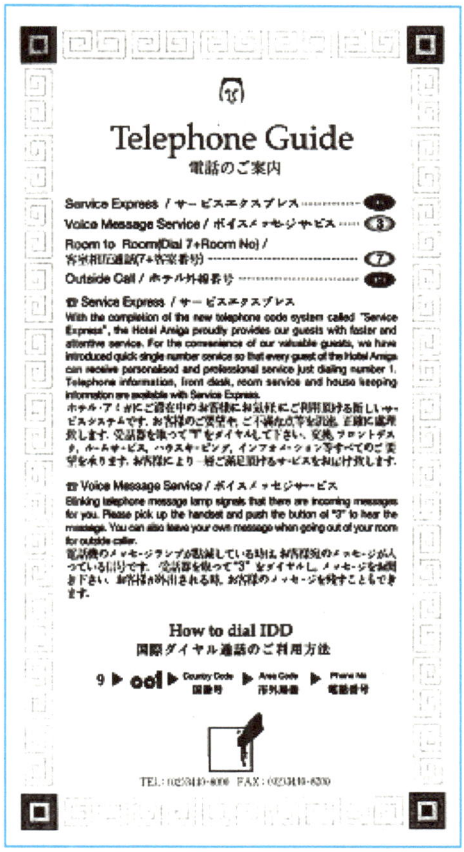


[그림 5-26] Telephone Guide

### 2) 비즈니스 센터(Business Center)

호텔 투숙객과 상용고객을 위하여 팩스송수신, 복사, 서류작성, 서류번역, 통역, 항공기 예약 및 재확인 대행, 교통편 예약 및 구입업무 등 각종 비서업무를 제공하는 곳을 말한다.

## BUSINESS CENTER

### SERVICES & RATES

(Effective as of September 1st, 1999)

**AIRLINE BOOKING & RECONFIRMATION** — Complimentary for room guest

**BUSINESS CARDS**

| | | |
|---|---|---|
| Professional | Cost + 30% Handling Charge | |
| Temporary (black & white) | 100 cards | ₩ 20,000 |
| | 50 cards | ₩ 12,000 |

**CELLULAR PHONE RENTAL**

| | |
|---|---|
| Per day | ₩ 30,000 |
| Per week | ₩ 180,000 |
| Per month | ₩ 500,000 |

(Charge will be billed via credit card approximately in a month)

**CONFERENCE ROOM RENTAL**

| | |
|---|---|
| Per hour | ₩ 50,000 |
| Per day(over 8 hours) | ₩ 400,000 |

**COURIER SERVICE**

| | |
|---|---|
| Document | Cost + ₩ 7,000 |
| Sample | Cost + ₩ 8,000 |

**EQUIPMENT RENTAL**

| | | |
|---|---|---|
| Typewriter | Complimentary for room guest | |
| Personal Computer | Per hour | ₩ 20,000 |
| | Per day | ₩ 90,000 |
| Scanner | Per hour | ₩ 20,000 |
| OHP / Slide Projector / VCR | Per hour | ₩ 15,000 |
| | Per day | ₩ 50,000 |
| LCD Projector | Per rental | ₩ 200,000 |

**INTERNET ACCESS**

| | |
|---|---|
| Minimum up to 30 min. | ₩ 15,000 |
| Each additional 10 min. | ₩ 5,000 |

**INTERPRETATION**

| | |
|---|---|
| Minimum up to 3 hours | ₩ 200,000 |
| Each additional hour | ₩ 50,000 |
| Per day | ₩ 400,000 |

**INFORMATION SERVICE**

| | |
|---|---|
| Per hour | ₩ 10,000 |

**MESSENGER SERVICE**

| | | |
|---|---|---|
| Kangnam area | One way | ₩ 15,000 |
| | Round | ₩ 25,000 |
| Downtown | One way | ₩ 20,000 |
| | Round | ₩ 30,000 |
| Ticket Endorsement | | ₩ 40,000 |

**PHOTOCOPIES** (Per page)

| | |
|---|---|
| B5 / A4 | ₩ 200 |
| B4 / A3 / Reduce / Enlarge | ₩ 400 |
| Transparency | ₩ 1,500 |
| PC Printing | ₩ 500 |
| Color Printing / Color Transparency | ₩ 3,000 / ₩ 6,000 |
| Binding | ₩ 6,000 |

**TRANSLATIONS**

Per A4 page / Double space — Cost + 30% Handling Charge

**WORD PROCESSING**

| | |
|---|---|
| Letter per A4 page | ₩ 10,000 |
| Figures / Tables per A4 page | ₩ 15,000 |

**VISITORS' INCOMING FAX**

| | |
|---|---|
| Per page | ₩ 500 |
| | Complimentary for room guest |

All rates are subject to 10% V.A.T.
Rates are subject to change without notice.

**Operation Hours**

| | | |
|---|---|---|
| Monday - Saturday | : | 7:00 a.m. ~ 10:00 p.m. |
| Sunday & Public Holiday | : | 9:00 a.m. ~ 6:00 p.m. |
| **Location** | : | Lobby floor |
| **Direct Phone** | : | 2222-8525 / 8535 |
| **Fax** | : | 553-8117~8 |
| **E-mail Address** | : | bizctr@renaissance-seoul.com |

RENAISSANCE.
SEOUL HOTEL

676 Yoksam-dong, Kangnam-ku, Seoul, Korea 135-080
Telephone : (02) 555-0501, 556-0601 Facsimile : (02) 553-8118
www.renaissance-seoul.com

[그림 5-27] Business Center

### 3) 상용고객층(Executive Floor)

호텔에서 특별히 상용고객과 귀빈들을 위해 전망 좋은 객실 층을 지정하여 운영하고 있으며 해당 층에 별도의 라운지서비스를 제공하고 있다. 일반 층의 고객들은 출입을 할 수 없으며, 전담직원이 배치되어 고객의 체크인 · 체크아웃 서비스, 회의실 제공서비스, 라운지에 간단한 식음료 제공서비스, 사무용기기 제공서비스, 신문 및 잡지 제공서비스 등 다양한 서비스를 제공하고 있다.

### 4) 도어 서비스(Door Service)

호텔에 도착하여 가장 먼저 접하는 종사원이 바로 도어맨(door man)이다. 호텔 고객

서비스 가운데 가장 많이 사람이 붐비는 호텔 정문에서 특성 있는 유니폼을 착용하고 항시 질서와 정돈을 유지하는 경우와 고객이 처음 도착했을 때 혹은 호텔을 떠날 때 정중히 호텔을 대표해서 예의를 표하는 서비스를 말한다. 도착고객의 영접, 고객안내, 호텔정문의 질서유지, 발렛서비스, 주차장 관리, 출입문 관리, 출발고객 환송 등의 업무를 하고 있다.

### 5) 벨서비스(Bell Service)

고객을 정문에서 프런트 데스크까지 안내하며, 프런트에서 지정 객실로 안내하고 객실 키와 객실 사용법을 알려주는 것이 주요업무이다. 주요업무는 체크인 서비스, 객실 변경서비스, 체크아웃 서비스, 로비의 관리서비스, 기타 관광안내 등이다.

### 6) 포터 서비스(Porter Service)

포터의 기본 직무는 고객의 짐을 받아들이고 보관하고 내보내는 일이다. 짐 중에서도 주로 무거운 짐의 처리를 말한다. 때로는 가벼운 짐의 처리도 맡을 때가 있으나, 대부분은 벨맨이 하고 내보내는 일은 포터가 맡아 서비스한다. 또한 공항 등지에서 고객을 영접, 영송하기 위하여 파견되거나 고객의 짐을 챙기고 정리하며 고객을 에스코트하는 일도 겸하기도 한다.

### 7) 엘리베이터 서비스(Elevator Service)

일반 건물의 엘리베이터 서비스에 비해 호텔의 서비스는 이 기계를 이용하는 모든 고객이 한 사람, 한 사람 더할 나위 없는 소중한 고객이며, 엘리베이터 서비스가 호텔의 이미지에 영향을 준다. 고객의 생명과 안전, 사전확인과 내부청결, 운전작동주의 등이 주요업무이다.

### 8) 컨시어지 서비스(Concierge Service)

컨시어지 데스크는 대부분 로비에 위치하고 있으며, 고객에게 고품질의 서비스를 제공하기 위하여 밀착하여 상담하고 안내를 한다. G.R.O로 운영되는 호텔도 있다. 호텔 내 · 외부에 대한 다양한 정보제공, 여행에 필요한 교통편, 쇼핑센터 안내, 관광지 추천, 고객영접, 환송, 예약 등의 서비스를 제공한다.

### 9) 당직지배인(Duty Manager)

당직지배인은 호텔 전체에 관한 사항과 고객요구에 의한 업무처리, 컴플레인 처리, 호텔의 안전관리, 재산관리, 영업책임 등의 업무를 수행한다. 대부분 현관 종사원들의 업무활동과 고객의 행동을 파악하기 위하여 로비에 근무하며 총지배인을 대신하여 호텔과 고객 간의 문제들을 해결한다.

### 10) 피트니스 서비스(Fitness Service)

투숙객들의 체력단련을 위한 공간으로 헬스, 에어로빅, 수영장, 사우나, 테니스코트, 스쿼시코트, 스크린골프 등의 다양한 시설을 갖추고 있다.

# 참고문헌

1) 안대희 외, 호텔경영의 이해, 대왕사, 2011.
2) 이희천 외, 호텔경영론, 형설출판사, 2010.
3) 유정남, 호텔경영론, 기문사, 1998.
4) 정희천, 최신관광법규론, 대왕사, 2010.
5) 김영규 외, 현대호텔경영의 이해, 대왕사, 2004.
6) 고승익, 호텔경영론, 형설출판사, 2002.
7) 김재민 외, 신호텔경영론, 대왕사, 1997.
8) 차길수 · 윤세목, 호텔경영학원론, 현학사, 2006.
9) 이정학, 호텔경영의 이해, 기문사, 2007.
10) 주종대, 호텔현관객실실무론, 백산출판사, 2002.
11) 고석면 외, 호텔경영정보론, 백산출판사, 2007.
12) 김동식, 피델리오시스템, 백산출판사, 2005.
13) 김왕상 · 신강현, 호텔객실실무관리론, 대왕사, 2003.
14) 남택영 · 김상진, 호텔실무 영업회계, 한올출판사, 2000.
15) 박대환 외, 호텔객실영업론, 백산출판사, 2008.
16) 박중환, 현대호텔마케팅론, 형설출판사, 1998.
17) 신형섭 · 전홍진, 호텔객실서비스 실무론, 학문사, 2000.
18) 하헌국, 호텔경영과 실무, 한올출판사, 1999.
19) 한국관광협회중앙회, 관광호텔서비스매뉴얼, 1992.
20) 호텔신라, 교육매뉴얼(하우스키핑, 객실예약업무), 1995.
21) 호텔인터컨티넨탈, Rooms Division Service Manual, 2005.
22) Lefever, M. M., The Gentle Art of Overbooking, The Cornell H.R.A. Quarterly, 1988.
23) Tunison, L. R., Front Office Management(2nd ed), Educational Institute of the American Hotel & Motel Association, 1990.
24) Gee, C. Y., International Hotels: Development and Management, The Educational Institute of the American Hotel & Motel Association, 1994.
25) Kappa, M. M., Nitscheke Aleta, and Schappert, P. B., Managing Housekeeping Operations, 1990.

26) Lattin, G. W., James E. L., & Thomas, W. L., The Lodging and Food Service Industry, The Educational Institute of the American Hotel & Motel Association, 1998.

27) Andrew, S., Hotel Front Office A Training Manaual, McGraw-Hill, 2009.

28) Ismail, A., Front Office Operations and Management, Thomson Learning Inc., 2002.

29) Rutherford, D. G., & O'Fallen, M. J., Hotel Management and Operations, John Wiley-Sons, Inc., 2007.

# 하우스키핑

# 06 하우스키핑

## 제1절 하우스키핑의 개요

### 1. 하우스키핑의 개념

하우스키핑(housekeeping)은 객실정비 또는 객실관리부서로 불리며, 객실의 청소와 호텔시설과 비품의 유지관리, 각 레스토랑, 회의실, 주방, 현관, 복도, 화장실 등 전역에 걸친 공공장소의 청결유지, 각종 리넨류의 관리 등의 업무를 수행하는 부서이다.

### 2. 하우스키핑의 중요성

#### 1) 호텔상품의 생산

청결과 관리를 통해 객실뿐만 아니라 로비, 공동장소 등 호텔상품을 총체적으로 관리하게 된다. 이러한 측면에서 호텔상품을 구성하는 가장 핵심적인 역할을 하고 있다.

#### 2) 호텔재산의 관리

호텔은 고정자산에 대한 의존도가 높은 기업으로 이러한 건물, 설비 등과 비품, 집기, 기타물품들을 유지하고 관리하는 책임이 하우스키핑에 있으므로 그 중요성이 강조되고 있다.

### 3) 호텔수익의 영향

객실은 식음료나 기타 다른 부분보다도 객실 대비 투입되는 원가 면에서 호텔 수익에 지대한 영향을 미치고 있다.

## 제2절 객실관리

침대의 구성은 침대(frame), 매트리스(mattress), 패드(pad), 시트(sheet), 담요(blanket), 스프레드(spread)로 이루어진다.

## 1. 객실의 종류

### 1) 싱글 룸(Single Room)

객실에 1인용 침대가 준비되어 한 사람이 투숙할 수 있도록 갖추어져 있으며, 객실의 넓이는 보통 13㎡ 이상이다.

### 2) 트윈 룸(Twin Room)

한 객실에 1인용 침대가 두 개 준비되어 두 사람이 동시에 투숙할 수 있도록 갖추어져 있으며, 객실의 넓이는 19㎡ 이상이다.

### 3) 더블 룸(Double Room)

한 객실에 더블침대가 준비되어 두 사람이 동시에 투숙할 수 있도록 갖추어져 있으며, 객실의 넓이는 19㎡ 이상이다.

### 4) 트리플 룸(Triple Room)

트윈 룸에 한 사람이 더 투숙할 수 있도록 엑스트라 베드를 추가한 객실을 말한다.

### 5) 패밀리 트윈 룸(Family Twin Room)

가족여행객을 위한 객실로서 싱글침대 하나와 더블침대 하나가 들어 있는 객실을 말한다.

### 6) 디럭스 트윈 룸(Deluxe Twin Room)

객실이 대형화되는 형태로서 일반 트윈과는 차별화되어 있으며, 더블침대 2개가 준비되어 있는 객실을 말한다.

### 7) 특실(Suite Room)

주로 두 개의 객실을 사용하여 만든 것으로, 객실 하나에는 침대를 넣어서 침실로 사용하며, 또 하나의 객실은 거실로 사용한다. 특실은 호텔마다 최고급으로 화려하게 꾸미고 각 호텔은 이러한 특실을 여러 개씩 보유하고 있으며, 침실과 응접실 외 레스토랑, 회의실, 주방, 대기실 등 여러 개의 객실을 배합하여 호화스러운 특실을 갖추고 있다. 주로 다음과 같은 명칭을 많이 사용한다. Imperial, Ambassador, Prince, Royal, President, Princess 등을 사용한다.

### 8) 스튜디오 룸(Studio Room)

객실에 정규침대 대신 Studio Bed를 설비한 객실로서 낮에는 응접용 소파로 사용하고 야간에는 침대로 만들어 사용할 수 있도록 설계된 1인용 객실이다. 소파의 등 부분에 주머니가 붙어 있어 그 속에 베개가 준비되어 있다. 이러한 객실은 상용고객을 위하여 주간에는 사무실과 거실로 사용하고 야간에는 침실로서 각기 그 기능을 달리할 수 있는 객실이다.

### 9) 커넥팅 룸(Connecting Room)

객실과 객실이 나란히 위치하여 객실 간에 통할 수 있는 문을 만들어 복도를 이용하지 않고도 왕래할 수 있는 객실을 말한다.

## 2. 가구의 종류와 인쇄물

### 1) 가구 종류

호텔을 건축하는 데는 상당한 자금이 투입되기 때문에 내부 인테리어는 공간을 최대한 활용하는 방향으로 설계한다. 특히 가구는 가능한 한 최소의 크기로 최대의 기능을 발휘하는 방향으로 제작한다. 테이블 하나에도 여러 가지 비품을 부착하여 다목적으로 활용하고 있으며, 객실 구석의 공간에 삼각형 테이블과 안락의자를 배치하여 공간을 절약하면서도 객실의 품위를 살리고 있다.

① **옷장**(Closet)

객실 출입구 안쪽에 벽장처럼 옷장이 설치되어 있으며, 일반적으로 욕실과 마주 보도록 배치하고 있다.

② **나이트 테이블**(Night Table)

침대의 머리맡에 놓여 있는 것으로 여기에 Control Box가 설치되어 누워서 객실 내의 모든 전등, TV, 라디오, 에어컨 등을 끄고 켤 수 있도록 하고 있다.

③ **티 테이블**(Tea Table)

보통 일반 객실에 비치한 사각형이나 원형 테이블로 안락의자 2개를 겸비하고 있다.

④ **화장대**(Dressing Table)

일반적으로 화장대를 말하며, 근래에는 Writing Table에 거울과 서랍을 겸비하여 다목적으로 사용하며 의자도 포함한다. 글도 쓸 수 있고 화장품을 올려놓을 수도 있으며, 서랍에는 옷을 넣을 수 있다. 적당한 조명장치가 준비되어 있으며 면적이 넓을수록 사용하기 편리하다.

⑤ **램프**(Lamp)

객실 내의 조명이 약하므로 보조등이 필요하다. 객실 구석에 세워 놓는 등은 Floor Lamp라고 하고, 화장대 위에 놓인 등은 Stand Lamp, 침대 머리맡에 놓는 등은 Night Lamp라고 한다.

⑥ **수하물 받침대**(Baggage Stand)

고객의 가방이나 수하물을 올려놓는 받침대로 객실의 가구 배열에 따라 배치한다. 일반적으로 옷장 옆에 있다.

⑦ **전화, 라디오 및** TV

전 객실에 전화와 라디오, TV를 필수적으로 배치하고 있다.

⑧ **휴지통**(Waste Basket)

휴지나 쓰레기를 넣을 휴지통을 말하며 각 객실마다 비치한다. 되도록이면 불에 타지 않는 소재가 좋으며, 그렇지 않을 때는 불연성 재질로 만든 받침을 휴지통 밑에 놓는 것이 안전하다.

⑨ **응접세트**(Sofa Set)

티 테이블, 사이드 테이블, 몇 개의 안락의자와 긴 안락의자 및 보조의자를 겸비한 응접용 세트로 보통 특실에 준비되어 있다.

⑩ **장롱**(Wardrobe)

일반 객실의 옷장과는 달리 서랍이 여러 개 달린 장롱을 말하며, 장기 투숙객에게 가장 필요한 가구이다.

⑪ **책상**(Writing Table)

호화롭게 꾸며진 사무용 책상을 말하며 문방구류, 인쇄물 등을 비치하고 있다.

⑫ **회의용 테이블**(Dining Table)

응접실에 비치하며 식탁 겸 회의용으로 쓰인다.

⑬ **냉장고**(Refrigerator)

객실 내에 비치된 냉장고로 호텔 측에서 냉장고에 식음료를 넣어 두고 고객이 소비한 만큼 계산하도록 한다.

### 2) 인쇄물과 소모품

① 봉투와 편지지

② 그림엽서

③ 메모지, 메시지, 팩스용지

④ 설문지 또는 건의서

⑤ 세탁물 의뢰 용지

⑥ D/D Card

⑦ Room Rate

⑧ 숙박약관

⑨ 호텔안내서

⑩ 룸서비스 메뉴

⑪ 관광지도 및 안내서

⑫ 호텔안내책자

⑬ 비상구 표시도

⑭ Blade Box

⑮ 볼펜, 구두닦기류, 바늘과 실, 성경, 실내화, 재떨이, 옷솔과 구둣솔, 성냥, 화장지, 화병 등등

## 3. 침대의 크기

### 1) 일반적 침대(Conventional Bed)

침대의 프레임에서 약간 낮게 매트리스를 끼어 들어가게 되어 있다. 프레임의 앞과 뒤에 헤드보드(head board)와 풋 보드(foot board)가 달려 있다.

### 2) 할리우드 침대(Hollywood Bed)

매트리스를 프레임 속에 끼워 넣지 않고 프레임과 같은 넓이로 만들어 위에 올려놓게 만든 침대이다. 일반적인 침대에 붙어 있는 풋 보드가 없고 때로는 헤드 보드까지 없는 경우도 있다. 걸터앉기에 편리하고 그 높이를 조정하여 소파 대용으로 사용하기에 편리하다.

### 3) 킹사이즈 침대(King Size Bed)

서양인들 중 체구가 큰 고객들을 수용하기 위하여 일반 침대보다 규격이 큰 침대를 사용하고 있다. 보통 세미 더블베드를 두 개 맞붙인 크기이다.

### 4) 소파 침대(Sofa Bed)

주간에는 긴 안락의자로 사용할 수 있으며, 좁은 객실공간을 최대한 활용하기 위하여 만들어진 침대로 침대 꾸미기에 손질이 많이 가고, 턴다운 서비스(turn down service)를 해줘야 하는 불편함이 있다.

### 5) 스튜디오 침대(Studio Bed)

할리우드 침대를 객실 벽에 밀어 놓고 베개를 치우고 스프레드를 덮은 상태에서 안락의자로 사용하도록 한 것이다. 의자 등받이는 벽에 부착하거나 이동 가능하게 만들어 침대를 반쯤 벽에 밀어 넣거나 벽에 붙여 놓고 이동식 등받이를 올려놓아 소파로 활용할 수 있다.

### 6) 엑스트라 침대(Extra Bed)

객실에 두 사람 이상의 고객이 함께 투숙할 때에 임시로 가설하는 침대로서 이동하기에 편리하게 만들어졌다. 헤드 보드와 풋 보드가 없고 스프링 박스 위에 매트리스를 직접 올려놓으며 반으로 접을 수 있다. 침대 다리에 바퀴가 8개 달려 있다.

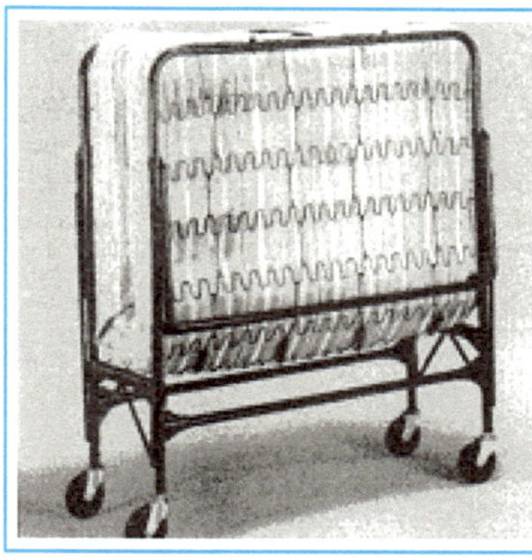

[그림 6-1] Rollaway Bed[15]

### 7) 어린이용 침대(Baby Crib)

아기를 동반한 고객을 위하여 임시로 설치하는 어린이용 침대로 주위에 울타리처럼 보호장치가 있다.

〈표 6-1〉 침대의 크기

| 구분 | 세로(cm) | 가로(cm) | 높이(cm) |
|---|---|---|---|
| single | 195～200 | 85～100 | 35～48 |
| double | 195～200 | 140～160 | 35～48 |
| semi-double | 195～200 | 110～130 | 35～48 |
| sofa bed | 195～210 | 80～100 | 30～40 |

## 4. 침구류

### 1) 리넨류 및 부속품

침대를 꾸밀 때 사용되는 리넨류 및 부속품은 다음과 같다.

① 누비요(bed pad)
② 시트(sheet)
③ 담요(blanket)
④ 베개와 베갯잇(pillow & pillow case)
⑤ 스프레드(bed spread)

### 2) 시트, 패드, 담요

매트리스 위에 패드를 깔고 시트 1매로 매트리스를 싼 후 1매의 시트로 담요를 싸는 것이 세계적으로 공통이다. 유럽 일부에서는 기후관계로 담요 위에 깃털이불을 덮는 경우도 있다.

### 3) 베개

베개는 딱딱한 것, 부드러운 것, 높은 것, 낮은 것 등이 있으나 대체적으로 내용물에 따라서 다르다. 스프링, 스펀지, 메밀껍질, 깃털 등이 있는데, 호텔에서는 깃털 베개를 가장 많이 사용하고 있다. 한 침대에 베개를 두 개 겹쳐 놓음으로써 높게 베는 고객은 두 개 모두 사용하도록 하며, 베개의 높고 낮음은 고객의 취향에 맞게 사용하여 불편이 없도록 한다.

### 4) 베갯잇

베갯잇은 케이스란 말과 같이 주머니로 되어 있으며, 이 속에 베개를 넣고 입구를 접어 넣어 쓰고 있다. 그러므로 베갯잇은 길이가 베개의 길이보다 약 2/3가량 길어야 한다.

### 5) 스프레드

새로이 판매하는 객실의 침대가 미관상, 위생상 좋아보이도록 스프레드로 덮어 놓는데, 담요와 베개까지 전부 덮기도 한다. 가장자리를 늘어뜨려 여러 가지 품위 있는 색이나 천으로 모양 있게 만든다.

# 제3절 하우스키핑의 업무

## 1. 객실관리 책임자

객실관리 책임자(executive housekeeper)는 무엇보다도 하우스키핑 종사원들에게 영향을 줄 수 있는 갖가지 요인을 파악하고, 이러한 지식을 인간관계가 원활하게 진행되도록 적용할 수 있는 능력을 갖추어야 한다. 즉, 하우스키핑 종사원들을 통솔하는 능력과 아울러 채용, 교육, 평가, 능력개발 같은 인사관리기술도 지니고 있어야 한다. 청소약품, 청소방법 및 청소장비를 알아야 하고 호텔의 구조와 관리방법도 익히고 있어야 한다. 간단한 엔지니어링의 원칙을 하우스키핑 업무에 응용할 수 있어야 하며, 실내장식의 기초도 파악하고 있어야 한다.

회계, 재정 및 구매기술에 관한 지식도 갖추어야 하며, 다른 부서와의 상관관계도 이해해야 하고, 다른 부서의 책임자들과 효과적으로 업무에 관해 협의할 수 있어야 한다. 마케팅에 관해서도 명확히 알고 있어야 하며 서비스 판매에 대해서도 적극적인 역할을 해낼 수 있어야 한다.

## 2. 슈퍼바이저(Supervisor)

하우스키핑의 슈퍼바이저는 작업진행에 직접적인 책임을 진다. 이들은 호텔의 한 층이나 여러 층과 같은 호텔 내의 특정한 장소에 대한 임무가 주어진다. 하우스키핑 종사원들이 그들의 업무를 수행하는 데 필요한 보급품이나 도구를 갖추고 있는지 살피는 것도 그들의 업무에 속한다. 이것은 종사원 한 명 한 명의 작업 상황을 직접 감독하고 신임 종사원에 대해 업무를 배정하는 한편 관할 종사원의 교육과 재교육에 대한 책임을 진다.

## 3. 룸 메이드(Room Maid)

룸 메이드는 메이드 카트를 이용하여 기본적인 청소업무를 수행하고 객실과 욕실, 홀, 사무실 및 작업장에 대해서도 책임을 진다. 즉 객실을 청소하고 정비하는 직원을 말한다. 작업자체가 근본적으로 육체노동이므로 시력과 청력이 좋아야 하고, 민첩하며 팔다리를 자유자재로 사용할 수 있어야 한다. 주문이나 지침을 읽고 이해할 수 있어야 하며, 지루한 작업을 극복하고 고객, 동료, 슈퍼바이저 등과의 소통도 원활해야 한다. 이들은 또한 자기가 속해 있는 플로어나 부서에 대해 객실상황에 대해서도 보고할 수 있는 능력을 갖추어야 하며 서비스 상황과 리넨 상황에 대해서도 보고능력을 갖추어야 한다.

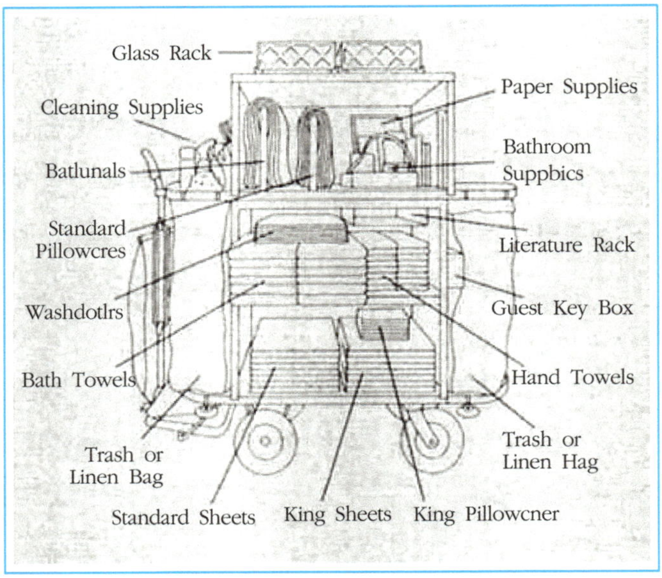


[그림 6-2] Maid Cart[15]

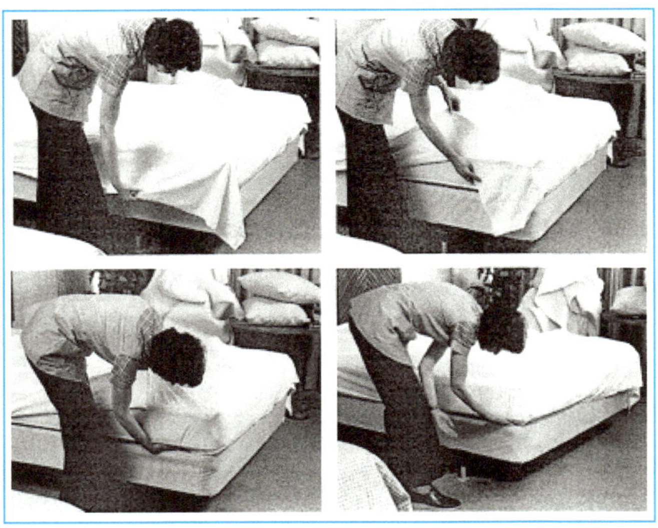

[그림 6-3] Make Bed[15]

## 4. 인스펙터(Inspector)

객실을 상품으로 판매할 수 있는지를 점검하는 직원을 말한다. 창문과 커튼의 청소 상태, 화장대, 욕실의 거울, 침대와 침구의 상태, 냉·온수 및 배수상태, 비품, 소모품, 타월류의 비치상태, 미니 바에 비치된 물품 확인 등이 주요 업무이다.

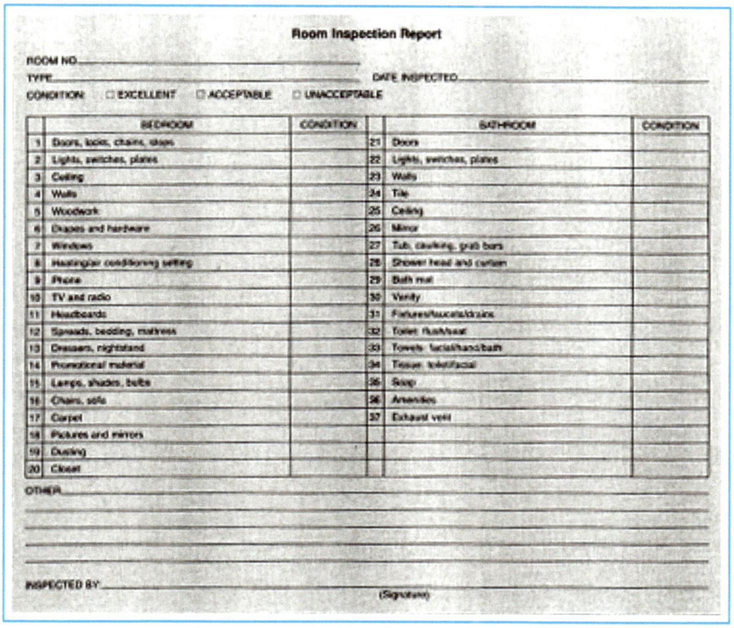
**Room Inspection Report**

ROOM NO. ______

TYPE ______ DATE INSPECTED ______

CONDITION: ☐ EXCELLENT ☐ ACCEPTABLE ☐ UNACCEPTABLE

| | BEDROOM | CONDITION | | BATHROOM | CONDITION |
|---|---|---|---|---|---|
| 1 | Doors, locks, chains, stops | | 21 | Doors | |
| 2 | Lights, switches, plates | | 22 | Lights, switches, plates | |
| 3 | Ceiling | | 23 | Walls | |
| 4 | Walls | | 24 | Tile | |
| 5 | Woodwork | | 25 | Ceiling | |
| 6 | Drapes and hardware | | 26 | Mirror | |
| 7 | Windows | | 27 | Tub, caulking, grab bars | |
| 8 | Heating/air conditioning setting | | 28 | Shower head and curtain | |
| 9 | Phone | | 29 | Bath mat | |
| 10 | TV and radio | | 30 | Vanity | |
| 11 | Headboards | | 31 | Fixtures/faucets/drains | |
| 12 | Spreads, bedding, mattress | | 32 | Toilet flush/seat | |
| 13 | Dressers, nightstand | | 33 | Towels facial/hand/bath | |
| 14 | Promotional material | | 34 | Tissue toilet/facial | |
| 15 | Lamps, shades, bulbs | | 35 | Soap | |
| 16 | Chairs, sofa | | 36 | Amenities | |
| 17 | Carpet | | 37 | Exhaust vent | |
| 18 | Pictures and mirrors | | | | |
| 19 | Dusting | | | | |
| 20 | Closet | | | | |

OTHER ______

INSPECTED BY ______
(Signature)

[그림 6-4] Room Inspection Report[15)]

## 5. 하우스 맨(House Man)

하우스 맨이 하는 일은 보급품과 사용된 물자를 운반하며, 주로 룸 메이드가 하기에 힘든 일을 도와준다. 카펫을 세탁하고 가구를 손질하며 벽을 닦는 일도 한다. 따라서 신체적인 건강한 사람이어야 하며, 상당한 손기술도 익히고 있어야 한다.

## 6. 유틸리티(Utility Workers)

엑스트라 배우, 단역 배우의 의미가 있지만, 호텔에서는 공공구역을 청소하는 종사원을 말한다. 호텔의 로비, 주차장, 화장실 등의 청소를 담당하는 직원이다.

## 7. 리넨(Linen Workers)

리넨이란 호텔에서 사용한 타월, 담요, 시트, 가운, 테이블보, 냅킨, 커튼, 종사원 유니폼 등 면류나 화학섬유로 만들어진 마직류를 말한다. 정기적으로 세탁하고 교체하여 원활하게 유지하기 위해 적정재고를 유지해야 한다. 객실 리넨의 공급, 구매 및 출고 의뢰, 각종 보고서 작성 등이 주요업무이다. 대표적인 타월의 종류는 다음과 같다.

〈표 6-2〉 타월의 종류

| | 가로(cm) | 세로(cm) | 무게(g) |
|---|---|---|---|
| wash cloth | 30 | 30 | 40 |
| face cloth | 80 | 36 | 120~140 |
| bath cloth | 120 | 65 | 350~450 |
| foot cloth | 80 | 50 | 140~180 |

## 8. 미니 바(Mini Bar)

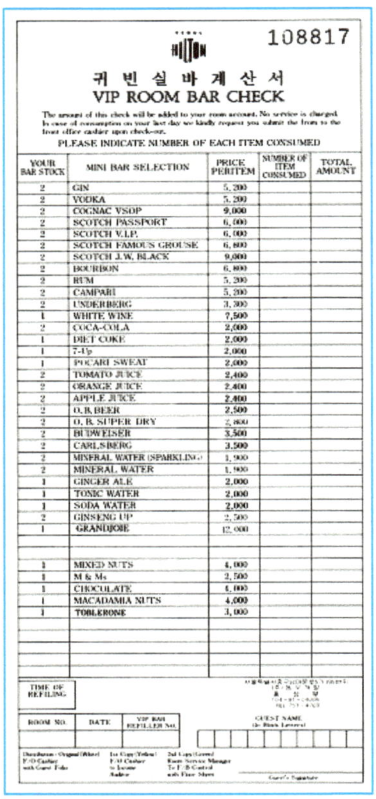

108817

HILTON

귀 빈 실 바 계 산 서

VIP ROOM BAR CHECK

The amount of this check will be added to your room account. No service is charged. In case of consumption on your last day we kindly request you submit the from to the front office cashier upon check-out.

PLEASE INDICATE NUMBER OF EACH ITEM CONSUMED

| YOUR BAR STOCK | MINI BAR SELECTION | PRICE PERITEM | NUMBER OF ITEM CONSUMED | TOTAL AMOUNT |
|---|---|---|---|---|
| 2 | GIN | 5,200 | | |
| 2 | VODKA | 5,200 | | |
| 2 | COGNAC VSOP | 9,000 | | |
| 2 | SCOTCH PASSPORT | 6,000 | | |
| 2 | SCOTCH V.I.P. | 6,000 | | |
| 2 | SCOTCH FAMOUS GROUSE | 6,800 | | |
| 2 | SCOTCH J.W. BLACK | 9,000 | | |
| 2 | BOURBON | 6,800 | | |
| 2 | RUM | 5,200 | | |
| 2 | CAMPARI | 5,200 | | |
| 2 | UNDERBERG | 3,300 | | |
| 1 | WHITE WINE | 7,500 | | |
| 2 | COCA-COLA | 2,000 | | |
| 1 | DIET COKE | 2,000 | | |
| 1 | 7-Up | 2,000 | | |
| 1 | POCARI SWEAT | 2,000 | | |
| 2 | TOMATO JUICE | 2,400 | | |
| 2 | ORANGE JUICE | 2,400 | | |
| 2 | APPLE JUICE | 2,400 | | |
| 2 | O.B. BEER | 2,500 | | |
| 2 | O.B. SUPER DRY | 2,800 | | |
| 2 | BUDWEISER | 3,500 | | |
| 2 | CARLSBERG | 3,500 | | |
| 2 | MINERAL WATER (SPARKLING) | 1,900 | | |
| 2 | MINERAL WATER | 1,900 | | |
| 1 | GINGER ALE | 2,000 | | |
| 1 | TONIC WATER | 2,000 | | |
| 1 | SODA WATER | 2,000 | | |
| 2 | GINSENG UP | 2,500 | | |
| 1 | GRANDJOIE | 12,000 | | |
| | | | | |
| | | | | |
| 1 | MIXED NUTS | 4,000 | | |
| 1 | M & Ms | 2,500 | | |
| 1 | CHOCOLATE | 4,000 | | |
| 1 | MACADAMIA NUTS | 4,000 | | |
| 1 | TOBLERONE | 3,000 | | |

TIME OF REFILING

| ROOM NO. | DATE | VIP BAR REFILLER No. |
|---|---|---|
| | | |

GUEST NAME (In Block Letters)

Distribution : Original (White) F/O Cashier with Guest Folio / 1st Copy (Yellow) F/O Cashier to Income Auditor / 2nd Copy (Green) Room Service Manager To F/B Control with Flow Sheet

Guest's Signature

[그림 6-5] 미니 바 빌

객실 내의 냉장고에 간단한 소용량의 양주류, 안주류, 음료 등을 진열해 놓고 고객의 기호에 따라 이용하게 하며, 이를 퇴숙 시에 계산하게 하고 있다.

# 9. 세탁실(Laundry)

최근에는 거의 호텔이 세탁시설을 호텔에 갖지 않고 Linen Supply가 되어있기 때문에 대규모 호텔에서도 Laundry 전문의 부분을 폐지하여 고객의 Laundry 취급은 객실과가 전담하는 호텔이 증가하고 있다. 고객이 Laundry를 낼 때에는 Floor Station에 연락을 해서 객실과가 고객으로부터 세탁물을 접수하게 된다. 세탁물은 고객이 직접 객실 안에 있는 Laundry List에 수량을 기입하고 Laundry Bag에 넣어서 객실과에 건넨다. 객실과는 이 List와 물건을 확인하고 틀리면 정정해서 Laundry에 낸다. 세탁이 완료된 세탁물은 객실과에 의해서 객실에 배달된다. 이 때 세탁물에 첨부되어 있는 Laundry List를 조사하여 객실 번호, 이름, 물품, 수량이 틀리지 않는가를 확인한 다음 객실에 넣도록 한다.

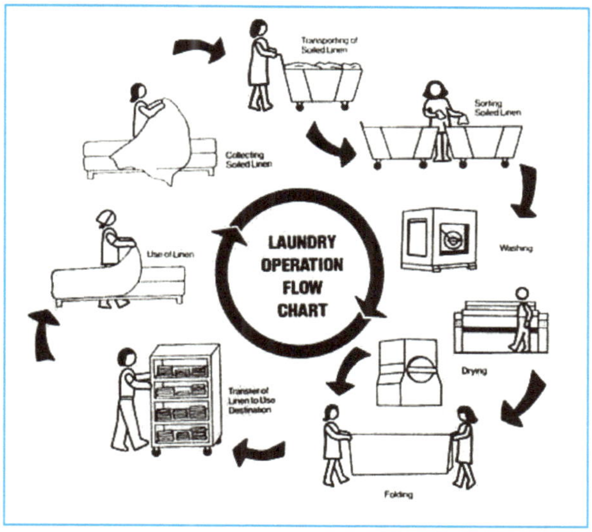


[그림 6-6] Laundry Operation Flow Chart 1[15]

[그림 6-7] Laundry Operation Flow Chart 2[15]

(Printed) Room No. DATE

Regular service : Article received before 10:00 A.M. will be returned the same day.
Special service : 1-hour serice 100% surcharge added.
Special service : 4-hour service 50% surcharge added.

午前10時前注文品は, 當日內にもどれます.
1時間內サービス : 100%の料金を加算いたします
4時間內サービス : 50%の料金を加算いたします

☐ Light 薄く ☐ Medium 中弱 ☐ Heavy 濃く ☐ None 無し

Instruction: 要求事項

DIAL26 FOR SERVICE

| Count 數量 | Gentlemen's List 紳士用 | | | Amount 金額 | Guest Count 數量 | Ladies's List 婦人用 | | | Amount 金額 |
|---|---|---|---|---|---|---|---|---|---|
| | Coat | 코트 | コート | 5,000 | | Jacket | 자케트 | ジャケット | 5.0 |
| | Trousers | 바지 | ズボン | 5,000 | | Slacks | 바지 | スラックス | 5.0 |
| | Shirt | 와이셔츠 | シャツ | 3,500 | | Blouse | 부라우스 | ブラウス | 3.5 |
| | Sport Shirt | 스포츠셔츠 | スポツシャツ | 3,500 | | Skirt | 스커트 | スカート | 5.0 |
| | Pajama Suit | 잠옷한벌 | パジャマ | 4,000 | | Dress, Plain | 원피스 | ワンピース | 6.0 |
| | Tee Shirt | 티셔츠 | ティシャツ | 2,000 | | Sweateat | 스웨타 | スエーター | 4.0 |
| | Drawers | 팬티 | パンツ | 1,400 | | Slip | 슈치마 | スリップ | 2.4 |
| | Handker chief | 손수건 | ハンカチフ | 800 | | Panties | 팬티 | パンティ | 1,2 |
| | Socks, Pair | 양말 | ソックス | 1,200 | | Socks or hoses | 양말 | ストッキング | 1,2 |
| | Raincoat | 바바리 | レインコート | 10,000 | | Brassiers | 부라자 | ブラヅャ | 1,2 |

PIECES TOTAL PRICE ₩

CLEANING ドライクリーニソグ (드라이크리닝) PRESSING サービス (다림질만)

(Printed) Room No. DATE

Regular service : Article received before 10:00 A.M. will be returned the same day.
Special service : 4-hour service 50% surcharge added.
Special service : 1-hour serice 100% surcharge added.
Press Only : 50% of regular drycleaning charge.

午前10時前注文品は, 當日內にもどれます.
4時間內サービス : 50%の料金を加算いたします
1時間內サービス : 100%の料金を加算いたします
普通サビス : ドライクリニングの50%の料金です.

Instruction: 要求事項

| Count 數量 | Gentlemen's List 紳士用 | | | Amount 金額 | Guest Count 數量 | Ladies's List 婦人用 | | | Amount 金額 |
|---|---|---|---|---|---|---|---|---|---|
| | Suit | 양복한벌 | スーツ | 12,000 | | Suit, 2-pcs | 양복한벌 | スーツ・上・下 | 12.0 |
| | Coat | 양복상의 | コート | 6,000 | | Jacket | 자케트 | ジャケット | 6,0 |
| | Trousers | 바지 | ズボン | 6,000 | | Slacks | 바지 | スラックス | 6,0 |
| | Vest | 조끼 | チョッキ | 2,500 | | Blouse | 부라우스 | ブラウス | 4.5 |
| | Necktie | 넥타이 | ネクタイ | 2,000 | | Skirt | 스커트 | スカート | 6.0 |
| | Necktie Silk | 실크넥타이 | ネクタイシルク | 3,000 | | Dress, Plain | 원피스 | ワンピース | 8.0 |
| | Overcoat | 오바코트 | オーバコート | 12,000 | | Dress, 2-pcs | 투피스 | ドレス・上・下 | 12.0 |
| | Sweater | 스웨타 | スエーター | 5,000 | | Overcoat | 오바코트 | オーバコート | 11.0 |
| | Shirt | 와이셔츠 | シャツ | 4,000 | | Sweater | 스웨터 | スエーター | 4.5 |
| | Shirt Silk | 실크셔츠 | シャツシルク | 6,500 | | Blouse Silk | 실크부라우스 | ブラウスシルク | 5.0 |
| | Raincoat | 바바리 | レインコート | 12,000 | | Skirt long | 긴스커트 | スカートロン | 6.0 |
| | Muffler | 마후라 | マフラ | 2,400 | | Korean Dress | 한복 | 韓服 | 14.0 |

PIECES TOTAL PRICE ₩

TOTAL 10 V.A.T GRAND TOTAL

: Hotel is not responsible for buttons, belts, buckles, ornaments, etc. all leathers, suedes and fragile goods.

お知らせ : 當ホテルは, ボタン, ベルト, バクル裝飾品又は皮革, セーム等が洗濯時, 破損がある場合責任を負いません.

[그림 6-8] 세탁 빌

## 10. 턴다운 서비스(Turn Down Service)

오픈 베드라고도 하며 투숙한 고객이 편히 잠들 수 있도록 하는 작업이다. 주간에 완전히 준비가 되고 철저히 점검된 객실을 가능한 한 가장 좋은 상태로 유지하기 위해서 이 작업을 실시한다. 간단히 스프레드를 걷어 정리한다든지, 모포를 접는 정도의 작업이 아니고 전반적인 객실서비스가 마무리 정리될 수 있도록 작업에 임해야 한다.

## 11. 분실물 및 습득물(Lost & Found)

객실 내와 객실 외부에서 발견된 물건 등은 객실사무실에서 보관한다. 고객이 체크아웃한 뒤에 객실 내에서 분실물을 발견했을 때에는 객실번호, 성명 등을 확인하고 층의 책임자에게 제출한다. 또 복도에서의 습득물은 발견장소에서 확인하여 책임자에게 제출한다. 객실사무실에서는 분실물 기록부에 기록하고 보관창고에 보관한다. 그리고 고객에게 연락하여 처리한다.

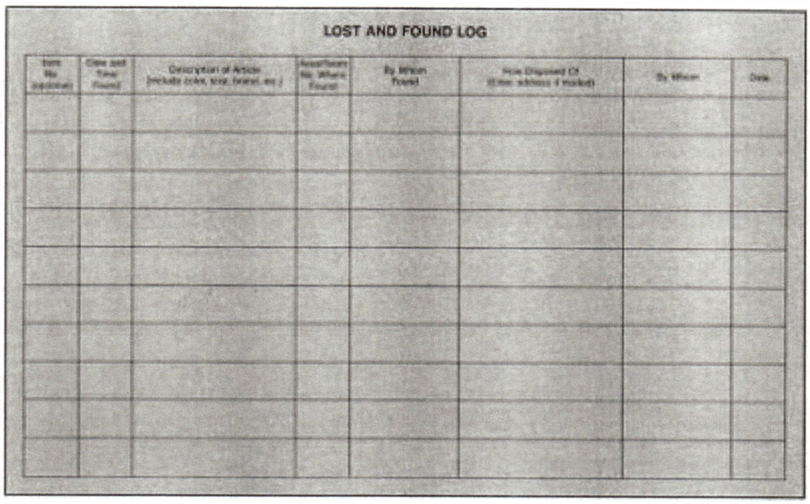


[그림 6-9] Lost & Found Log[15)]

## 12. 룸서비스(Room Service)

객실에 식음을 제공하는 것을 룸서비스라 한다. 대규모 호텔에는 룸서비스 전문의 Section이 있고, Order Taker가 직접 고객에게 주문을 받으며 룸서비스 접객원이 요리와 음식을 객실에 서비스한다. 따라서 이와 같은 호텔에서는 객실과 룸 서비스의 메뉴, 음식 서비스의 예절에 관해서 알아두어야만 한다. 특히 룸서비스의 경우에는 전화로 주문이 이루어지기 때문에 고객이 외국인 경우에는 주문을 접수할 때 틀리지 않도록 각별히 주의한다.

# 참고문헌

1) 안대희 외, 호텔경영의 이해, 대왕사, 2011.
2) 이희천 외, 호텔경영론, 형설출판사, 2010.
3) 유정남, 호텔경영론, 기문사, 1998.
4) 정희천, 최신 관광법규론, 대왕사, 2010.
5) 김영규 외, 현대호텔경영의 이해, 대왕사, 2004.
6) 고승익, 호텔경영론, 형설출판사, 2002.
7) 김재민 외, 신호텔경영론, 대왕사, 1997.
8) 차길수 · 윤세목, 호텔경영학원론, 현학사, 2006.
9) 이정학, 호텔경영의 이해, 기문사, 2007.
10) 주종대, 호텔현관객실실무론, 백산출판사, 2002.
11) 경주조선호텔, 객실부매뉴얼, 1987, 1994.
12) 한국관광협회 중앙회, 관광호텔서비스매뉴얼, 1992.
13) 호텔신라, 교육매뉴얼(하우스키핑, 객실예약업무), 1995.
14) 호텔인터콘티넨탈, Rooms Division Service Manual, 2005.
15) Kappa, M. M., Nitscheke Aleta, and Schappert, P. B., Managing Housekeeping Operations, Educational Institute of the American Hotel & Motel Association, 1990.
16) Foster, D. L., An Introduction to Hospitality, MG-Hill, 1992.
17) Rutherford, D. G., & O'Fallen, M. J., Hotel Management and Operations, John Wiley-Sons, Inc., 2007.
18) Andrews, S., Hotel Housekeeping, Mc-Graw-Hill, 2009.
19) Andrews, S., Hotel Housekeeping Management & Operations, Mc-Graw-Hill, 2010.
20) Raghubalan, G., & Raghubalan, S., Hotel Housekeeping: Operations and Management, 2009.

# 호텔 · 레스토랑의 이해

# 07 호텔 · 레스토랑의 이해

## 제1절 레스토랑의 개념

### 1. 레스토랑의 유래

식당은 인간이 여러 가지 목적으로 집을 떠나 이동하면서 먹고 쉬는 장소가 필요해짐에 따라 발생하였다. 기록에 의하면, B.C. 512년경 고대 이집트에 식당의 기원이라 할 수 있는 음식점이 있었다고 한다. 이곳에서는 곡물, 들새고기, 양파요리 등 매우 단조로운 요리만 제공되었으며, 소년들은 부모를 동반해야 출입할 수 있었고, 소녀들은 결혼할 때까지 출입이 금지되었다고 한다. A.D. 79년경 로마시대에는 나폴리의 베수비오산 줄기의 휴양지에 '식사하는 곳'이 매우 많이 있었으며, 유명한 카라카라(Kala Kala)라는 대중목욕탕의 유적에서도 식당의 흔적을 찾아볼 수가 있다. 이 목욕탕은 216년 카라카라 제왕 때 사용되었던 것으로 한 변이 330m나 되며, 수용 인원이 무려 1,600명이었다고 한다. 이 건물 내에는 증기탕, 온수탕, 냉수탕 등 여러 가지 욕실과 체육장, 경기장, 도서실, 강연실, 학습실, 미트라교의 예배당까지 갖추어져 사교장 겸 스포츠장으로 사용되면서 음식물을 제공하는 식당이 있었다고 한다. 그리고 수도원과 사원에서도 여행자를 위하여 식사와 숙소를 제공했다고 한다. 12세기경 영국에서는 선술집이 번창했으며, 1650년에는 영국 최초의 커피하우스(coffee house)가 옥스퍼드에서 개업되었고, 일정한 가격으로 점심이나 저녁식사를 제공하는 '오디너리(ordinary)'란 간이식당도 있었다.

프랑스에서는 1765년 몽 블랑거(Mon. Boulanger)라는 사람이 "블랑거는 신비의 스테미너 요리를 판매 중(Boulanger sells magical restoratives)"이라는 광고판을 내걸고, 양의 다리와 흰소스(white sauce)를 끓여 만든 '레스토랑(restaurants)'이란 이름의 수프를 판매했었다. 이 수프는 루이15세를 비롯하여 대중들에게 인기가 대단하였는데, 이 수프의 이름이 전래되어 오늘날의 식당, 즉 '레스토랑(restaurant)'이란 말이 되었다는 설도 있다.

## 2. 레스토랑의 정의

레스토랑이란, "영리 또는 비영리를 목적으로 일정한 장소와 시설을 갖추어 인적 서비스와 물적 서비스를 동반하여 음식물을 제공하고 휴식을 취하게 하는 곳"이다. 'Restaurer'란 단어의 본래 의미는 '수복한다, 재흥한다, 기력을 회복시킨다'라는 뜻으로, 즉 피로한 심신을 다시 원상으로 회복시킨다는 것을 의미한다. 즉 사람들에게 음식물을 제공하는 공중의 시설, 정가판매점, 일품요리점이라고 표현하듯이, 레스토랑이란 음식물과 휴식장소를 제공하고 원기를 회복시키는 장소라는 것이다. 최근 선진국에서는 레스토랑을 EATS상품을 판매하는 곳이라 하고 있다. EATS란 접대(Entertainment : 인적 서비스), 분위기(Atmosphere : 물적 서비스), 맛(Taste : 요리), 위생(Sanitation : 청결)을 뜻한다.

# 제2절 식음료부의 조직

## 1. 식음료의 역할

인간생활의 3대 요소인 의 · 식 · 주 가운데 식문화의 창조에 일익을 담당하고 있는 호텔의 식음료 부문은 객실과 더불어 호텔의 주요한 상품을 이루고 있고, 가장 탄력성이 강한 상품으로 호텔 수익증대에 큰 기여를 하고 있다. 따라서 호텔기업은 이윤의 극대화를 유지하고, 새로운 식문화 창조라는 사회적 요구에 부응하기 위해 식음료부문의 효율적인 운영에 끊임없는 노력을 기울이고 있는 것이다. 특히 다양한 고객의 욕구를 충족시켜 줌으로써 수익증대의 목적을 달성할 수 있는 식음료 접객원에 의한 인적 판매는 정보를 제공하고 고객을 설득하여 수요를 확산시키고 구매행동으로 유도하는 중요한 역할을 수행한다.

## 2. 식음료부의 직무

### 1) 식음료 부장(Manager or Director)

최고 책임자로서 식음부문의 계획 및 정책의 수립, 영업장의 관리, 감독, 종사원의 인사관리 등 전반적인 운영에 대해 책임을 지고 있다.

### 2) 식음료 과장(Assistant F&B Manager)

모든 업장의 운영상태 및 문제점을 파악하고 운영에 관하여 식음료 부장을 보필하고, 고객에게 제공되는 음식물의 양, 질에 대한 점검을 해야 한다. 또 종사원의 교육훈련과 서비스 강화훈련에 책임을 가지고 종사원의 고충, 불평처리에 있어서의 조정역할을 담당한다.

① 업장의 운영에 필요한 비품 및 소모품 청구 등의 문서업무를 한다.
② 종사원 또는 고객의 의견이나 제안을 경청하고 기록, 분석하여 업무에 참고한다.

### 3) 영업장 지배인(Outlet Manager)

식음료 부서의 영업방침에 따라 담당 영업장을 운영한다. 영업장의 매출실적 관리, VIP영접, 고객만족도 점검, 식음재료원가관리, 품질관리, 인사고과관리 등을 행하며 유관부서와 긴밀한 관계를 유지하여 영업장이 원활하게 운영되도록 노력한다.

① 업장관리(매출관리, 재고관리, 업장 환경관리, 원가관리, 특별행사 기획)
② 고객관리(고객대장 관리, 고객 불평처리 및 예방, 예약관리)
③ 인력관리(근태관리, OJT, 인사고과, 교육훈련)
④ 재산관리(집기, 비품관리)
⑤ 문서관리(문서의 기록 · 보관)

### 4) 영업장 부지배인(Assistant Outlet Manager)

영업장 지배인을 보좌하여 스태프 회의를 주관하며 직원의 근태관리, 종업원의 주문 전표와 계산서 등을 감독한다. 영업장 부재 시에는 업무를 대행한다.

### 5) 캡틴(Captain)

캡틴은 직접 고객을 접대하여 주문을 받고 주방에 전달한다. 식음료에 대한 정확한 지식을 가지고 서비스에 임하는 책임자로 종사원의 복장, 용모를 점검한다.

① 접객 책임자로서 영업준비 상태와 종사원의 복장 및 용모를 점검하고 업장의 청결 유지를 위해 종사원에게 청소담당 구역을 분할한다.
② 업장 내의 기물, 서비스물품 등이 제 위치에 있는가를 항상 점검한다.
③ 안내원이 없을 경우에는 손님을 영접하여 테이블로 안내하고, 메뉴를 제안하는 형식을 통해 주문을 받는다.
④ 신입 종사원을 교육시키고, 종사원 간의 업무교대에도 효율화를 기해야 한다.
⑤ 응급처리 능력에 대한 절차 및 방법을 숙지하고 있어야 한다.

### 6) 서버(Server)

① 매일의 메뉴를 캡틴에게 받아 숙지하고, 특별 식사와 후식에 대해서도 관심을 기울인다.
② 예약석을 확인해 두고 식탁 위의 설치 기물, 장식물, 리넨 등이 청결하게 제 위치에 있는가를 확인 · 점검한다.
③ 고객의 행동에 항상 주의를 기울여 식사의 순서에 시간이 지체되거나 너무 빠른 실수를 하지 않도록 한다. 또 각 음식에 알맞은 주류 종류를 숙지하고 음식 소비 시간을 정확히 파악하여 수많은 음식이 서비스되는 과정 속에서도 고객이 쾌적함을 느끼게 하여야 한다.
④ 캡틴을 보좌하여 주문된 식음료를 직접 고객에게 제공한다.

### 7) 버스 보이, 걸(Bus boy, Bus girl)

① 각종 기물(은기류, 글라스류, 도자기류, 기타 테이블 장식물)과 얼음, 비알코올성 음료를 준비하는 책임이 있다.

② 주문 후에 필요한 기물을 세팅한다.
③ 업장 내의 모든 시설, 기물을 청소한다.
④ 식기세척원, 음식물 저장소 근무원, 주방장, 보조접객원 등과 긴밀한 관계가 있다. 또 안내원이나 수납원과 상호협조 관계에 있다.
⑤ 음식을 운반하며 사용이 끝난 접시를 세척장으로 옮긴다.

### 8) 안내원(Receptionist)

① 식당에 드나드는 고객을 영접 · 환송하며 그들을 안내한다.
② 식당 내의 점검사항을 수시로 확인하며 접객원들의 서비스를 돕는다.
③ 고객에게 좌석예약을 받아 귀빈에게는 경험 있는 접객원을 배정한다.
④ 안내원은 깨끗한 용모와 숙련된 화술을 구사할 줄 알아야 하며, 항상 미소로 고객을 맞아야 한다.

### 9) 레스토랑 캐셔(Restaurant Cashier)

레스토랑의 고객이나 접객원으로부터 고객의 식음료비 계산서를 받아 요금을 수납하고 POS를 다루며 그날의 영업실적을 지배인에게 보고한다.

### 10) 연회 지배인(Banquet Manager)

연회 지배인은 각종 사회단체의 성격, 단체의 종류, 사회적 모임의 경향 등에 관심을 가지고 현대적 추세에 적합하도록 연회업장 준비를 철저히 해야 한다.

### 11) 연회 캐셔(Banquet Cashier)

연회 수납원의 업무는 레스토랑 수납원에 비해 단순하지만 예약사항이 수시로 변경되고 주문이 다양하기 때문에 업무처리에 주의해야 한다. 각 연회담당 직원이 연회 종류, 인원, 식음료의 종류, 단가, 기타 장식 등을 기입한 Banquet Invoice에 손님의 확인을 받아 프런트오피스에서 빌링(billing)한다. 작성한 계산서는 예약 당시의 거래조건이 현금인가, 외상인가에 따라 처리하되, 외상인 경우에는 빌(bill)을 연회지배인이나 담당직원에게 고객의 서명을 받게 한 뒤 외부고객 원장에 대체처리를 한다.

### 12) 바 지배인(Bar Manager)

바텐더를 감독, 훈련, 지원하며 바(bar)의 쾌적한 환경을 유지하도록 하고 술의 재고가 적절한지를 감독한다.

### 13) 바텐더(Bartender)

① 고객이 주문한 술병의 상표를 확인해드리고 고객이 보는 앞에서 서비스하는 것이 바람직하다.
② 다양한 술에 대해 광범위한 지식을 갖추어 고객의 주문에 신속하게 대처하며 주문을 유도하는 것이 바람직하다.

### 14) 와인 스튜어드(Wine Steward; Sommelier)

① 식전주(aperitif)와 테이블, 디저트 등의 와인을 권유하고 제공한다.
② 주문받은 와인을 규칙대로 정중하게 서브한다.
③ 와인의 진열과 재고를 점검하고 관리한다.

### 15) 오더 테이커(Order Taker)

① 객실에 있는 고객에게 유선상으로 식음료 주문을 받는다.
② 주문전표를 작성한다.
③ 업장서비스 규칙과 예의, 호텔의 비상시 진행과정 등에 대하여 숙지하여야 한다.

### 16) 수습사원(Trainee)

수습사원은 신입사원으로 배정받은 근무부서의 실무를 익히는 견습사원을 말한다.
① 서비스 매뉴얼, 업장 내규, 비상시의 행동요령 등의 사항을 철저히 숙지한다.
② 웨이터, 웨이트리스의 업무를 돕는다.

## 3. 식음료서비스 형식에 따른 시스템

### 1) 쉐프 드 랑 시스템(Chef de Rang System)

이 서비스는 프렌치 서비스라고 하며, 가장 정중하고 우아한 서비스를 제공하는 최고급 레스토랑의 운영에 적합한 조직편성이다. 이 서비스의 기본 형태는 식당지배인 아래 접객조장이 있고, 그 아래 조직으로 3~4명의 종사원이 있어서 일정한 구역을 담당하여 서브하는 제도이다. 이 시스템은 충분한 휴식시간을 가지고 근무시간에 대체로 만족하는 종사원들이 제공하는 정중하고 수준 높은 서비스를 제공할 수 있는 장점이 있으나 숙련된 고급 인적자원에 대한 의존성이 높아 인건비의 지출이 크며, 공간이용의 극대화에 어려움이 있는 단점도 있다.

#### 2) 헤드 웨이터 시스템(Head Waiter System)

쉐프 드 랑 시스템을 축소한 것으로 접객조장 아래에 식사담당과 음료담당을 두어 담당 테이블을 서비스하는 것이다. 이 시스템은 플레이트 서비스에 적합한 것으로 대부분의 식당에서 가장 많이 이용하는 방식이다.

#### 3) 스테이션 웨이터 시스템(Station Waiter System)

이 시스템은 하나의 영업장에 책임자로 접객조장을 두고 그 아래에 한 명의 종사원이 한 구역만을 서브하는 제도로서 계절 레스토랑이나 극장식 레스토랑 등의 영업장에 적합하다. 이 조직을 일명 원 웨이터 시스템(one waiter system)이라고도 한다. 일정한 공간을 한 명의 종사원이 서비스하기 때문에 일관성이 있으며, 고객에게 친밀감을 제공할 수 있다. 그러나 담당구역을 비우기가 쉬워 서비스 품질의 저하를 초래하기 쉽다.

## 제3절 레스토랑의 종류

### 1. 일반적인 분류

#### 1) 레스토랑(Restaurant)

일반적으로 식당의 의미로 쓰이고 있는 명칭이다. 레스토랑은 고급식당으로 식탁과 의자를 마련하여 놓고 고객의 주문에 의하여 웨이터나 웨이트리스가 음식을 날라 주는 테이블 서비스가 제공되며, 고급음식과 정중한 서비스, 훌륭한 시설이 갖추어진 최상급의 식당이다. 또한 모든 식당을 대표하는 대명사이기도 하다.

### 2) 커피숍(Coffee Shop)

고객이 많이 왕래하는 장소에서 커피와 음료수, 고객의 요구에 따라 간단한 식사를 판매하는 식당이다.

### 3) 카페테리아(Cafeteria)

음식물이 진열되어 있는 카운터 테이블(counter table)에서 음식을 고른 다음, 요금을 지불하고 고객이 직접 가져다 먹는 셀프서비스(self-service) 식의 식당이다.

### 4) 다이닝 룸(Dining Room)

주로 정식(table d`hôte)을 제공하는 호텔의 주 식당으로, 이용하는 시간을 제한하여 조식을 제외한 점심과 저녁식사를 제공한다. 그러나 최근에는 이 명칭은 사용되지 않고 고유의 명칭을 붙인 전문요리 레스토랑과 그릴(grill)로 형태가 바뀌었으며, 정식뿐만 아니라 일품요리(a la carte)도 제공하고 있다(In room dining, All day dining).

### 5) 그릴(Grill)

일품요리(一品料理; a la carte)를 주로 제공하며, 수익을 증진하고 고객의 기호와 편의를 도모하기 위해 그날의 특별요리(daily special menu)를 제공하기도 한다. 아침, 점심, 저녁식사가 계속해서 제공된다.

### 6) 뷔페 레스토랑(Buffet Restaurant)

준비해 놓은 요리를 균일한 요금을 지불하고, 고객이 자기 뜻대로 선택해 먹을 수 있는 셀프서비스 레스토랑이다.

### 7) 런치 카운터(Lunch Counter)

식탁 대신 조리과정을 직접 볼 수 있는 카운터 테이블에 앉아, 조리사에게 직접 주문하여 식사를 제공받는 레스토랑이다. 고객은 직접 조리과정을 지켜볼 수 있기 때문에 식욕이 촉진되고 기다리는 시간 동안 지루함을 덜 수 있다.

### 8) 리프레시먼트 스탠드(Refreshment Stand)

간편한 간이음식을 만들어 진열장에 미리 진열해놓고, 바쁜 고객들로 하여금 즉석에서 구매해 먹을 수 있도록 한 레스토랑이다.

### 9) 드라이브 인(Drive-In)

도로변에 위치하여 자동차를 이용하는 여행객을 상대로 음식을 판매하는 레스토랑이다. 이 레스토랑은 넓은 주차장을 갖추어야 한다.

### 10) 다이닝 카(Dining Car)

기차를 이용하는 여행객들을 위하여 식당차를 여객차와 연결하여 그곳에서 음식을 판매하는 식당이다.

### 11) 스낵 바(Snack Bar)

가벼운 식사를 제공하는 간이 레스토랑이다.

### 12) 백화점 레스토랑(Department Store Restaurant)

백화점을 이용하는 고객들이 쇼핑 도중 식사를 간단하게 할 수 있도록 백화점 구내에 위치한 레스토랑이다. 이곳에서는 대개 셀프서비스 형식을 취하며, 회전이 빠른 식사(fast-food)가 제공된다.

### 13) 인더스트리얼 레스토랑(Industrial Restaurant)

회사나 공장 등의 구내식당으로 비영리 목적의 식당이다. 학교, 병원, 군대의 급식소 등이 이에 속한다.

## 2. 서비스 형식에 의한 분류

### 1) 테이블 서비스 레스토랑(Table Service Restaurant)

일반적인 형태의 레스토랑으로서 일정한 장소에 식탁과 의자를 준비하여 놓고 고객의 주문에 의하여 웨이터나 웨이트리스가 음식을 제공하는 레스토랑이다. 우아한 분위기에서 최고급 서비스를 제공받을 수 있으나 식사를 위한 테이블 매너가 필요하다.

### 2) 카운터 서비스 레스토랑(Counter Service Restaurant)

카운터 서비스 레스토랑은 고객이 조리과정을 직접 볼 수 있도록 주방을 개방하여 그 앞의 카운터를 식탁으로 해서 음식을 제공하는 레스토랑이다. 이 형태의 레스토랑은 고객이 직접 조리과정을 지켜보기 때문에 고객의 불평이 적고, 위생적이고 신속하게 음식이 제공되며, 많은 서비스 인원이 필요하지 않은 것이 특징이다. 그러나 주방이 개방되어 있다는 것이 오히려 단점이 되기도 한다.

### 3) 셀프 서비스 레스토랑(Self-service Restaurant)

셀프 서비스 레스토랑은 고객 자신이 기호에 맞는 음식을 직접 운반하여 식사하는 형식의 레스토랑이다.

이 레스토랑의 특징은 다음과 같다.

① 기호에 맞는 음식을 선택하여 자기 양껏 먹을 수 있다.

② 위생적인 식사를 할 수 있다.

③ 신속한 식사를 할 수 있다.

④ 가격이 비교적 저렴하다.

⑤ 봉사료(tip) 지불이 필요 없다.

⑥ 특별한 테이블 매너가 필요 없다.

⑦ 소수의 종사원으로 인건비가 적게 든다.

⑧ 테이블 회전이 빠르다.

⑨ 요리의 선택이 번거롭다.

#### 4) 급식(Feeding)

급식사업으로 비영리적이며 셀프서비스 형식의 레스토랑이다. 회사 종사원을 위한 급식, 학교급식, 병원급식, 군대, 형무소에서의 급식이 있으며, 일시에 많은 인원을 수용하여 식사를 제공할 수 있으나 식단표에 따라 메뉴가 고정되기 때문에 자기의 기호에 맞는 음식을 선택할 수 없다는 단점이 있다.

#### 5) 자동판매(Vending Machine Service)

자동판매기(Vending Machine)에 의해 판매되는 레스토랑이다. 인건비의 급증으로 인하여 자동판매기의 인기가 높아지고 있다.

#### 6) 자동차 레스토랑(Auto Restaurant)

버스형 자동차나 트레일러(trailer)에 간단한 음식을 싣고 다니면서 판매하는 이동식 레스토랑이다.

#### 7) 테이크 어웨이 레스토랑(Take-away Restaurant)

고객을 위한 좌석을 마련하지 않고 간단한 조리시설 또는 진열장에서 패스트푸드 같은 음식을 주문하거나 판매하는 간이 레스토랑이다.

## 제4절 식사의 종류

### 1. 식사시간에 의한 분류

#### 1) 조식(Breakfast)

일반적으로 '조식'이라고 하면 식당에서 판매하는 아침식사의 정식메뉴이다. 양식의 아침식사에는 다음과 같은 종류가 있다.

#### (1) 미국식 조식(American Breakfast)

달걀요리와 주스(juice), 빵(bread), 커피(coffee), 햄(ham), 베이컨(bacon), 소시지(sausage), 감자튀김(fried potato), 시리얼(cereal), 우유 등을 선택해서 먹는 식사이다.

#### (2) 유럽식 조식(Continental Breakfast)

달걀요리와 곡류(cereal)가 포함되지 않고 빵과 커피, 우유 정도로 간단히 하는 식사이다. 유럽에서 성행되고 있는 식사로서, 호텔 내에서는 객실요금에 아침식사 요금이 포함되어 있다.

#### (3) 비엔나식 조식(Vienna Breakfast)

간단한 달걀요리와 롤빵, 커피나 우유가 서브되는 식사를 말한다.

#### (4) 영국식 조식(English Breakfast)

미국식 조식과 같으나 생선요리가 추가되는 것이 특징이다.

### 2) 브런치(Brunch)

아침과 점심식사의 중간쯤에 먹는 식사이다. 현대의 도시생활인에 적용되는 식사 형태로서 이 명칭은 최근 미국의 식당에서 많이 이용되고 있다.

### 3) 점심(Lunch)

아침과 저녁 사이에 먹는 식사로 보통 정오에 하는 식사이다. 점심메뉴는 저녁메뉴보다 가볍고 저렴한 가격으로 제공된다.

### 4) 애프터눈 티(Afternoon Tea)

이것은 영국인의 전통적인 식사습관으로서, 밀크 티(milk tea)와 시나몬 토스트(cinnamon toast) 또는 멜바 토스트(melba toast)를 점심과 저녁 사이에 간식으로 먹는 것을 말한다. 그러나 지금은 영국뿐만 아니라 세계 각국에서 정오에 티타임(tea-time)이 보편화되고 있다.

### 5) 저녁(Dinner)

저녁은 하루 중에 가장 중요한 식사이므로 가장 질이 좋은 음식을 충분한 시간을 두고 즐긴다. 보통 저녁식사 메뉴는 정식(full course)이 많으며, 음료 및 주류도 함께 제공되므로 고객의 욕구충족과 수익확보 차원에서 메뉴구성을 철저히 하여야 한다.

### 6) 만찬(Supper)

원래 격식 높은 정식만찬이었으나, 이것이 변화되어 최근에는 음악회나 연주회 등 각종 모임에서 늦은 저녁에 먹는 간단한 밤참의 의미로 사용되고 있다.

## 2. 식사내용에 의한 분류

### 1) 정식(Table d'hote: Full Course)

정식은 정해진 메뉴(set menu)에 의해 제공되는 것으로 전채, 수프, 생선요리, 육류요리, 야채요리, 후식 등의 순서로 되어 있다.

#### (1) 정식메뉴의 장점

① 가격이 저렴하다.
② 고객의 선택이 용이하다.
③ 원가(cost)가 낮아진다.
④ 매출액이 높다.
⑤ 가격이 고정되어 회계가 쉽다.
⑥ 신속하고 능률적인 서브(serve)를 할 수 있다.
⑦ 조리과정이 일정하여 인력이 절감된다.
⑧ 메뉴작성이 쉽다.
⑨ 재고가 감소된다.

#### (2) 정식메뉴의 단점

① 고객이 특별히 원하는 요리만 선택할 수가 없다.

② 조리와 서브가 단조로워 종사원의 능력을 계발할 기회가 적다.
③ 서비스에 융통성이 없다.

## 2) 일품요리(A la carte)

고객의 주문에 의하여 조리사의 독특한 기술로 만들어진 요리가 품목별로 가격이 정해져 제공되는 요리이다. 이 요리는 그릴(grill)이나 전문 레스토랑에서 제공되나 요즈음에는 정식 레스토랑을 비롯한 일반 레스토랑에서도 정식과 함께 제공되고 있다. 일품요리는 고객의 기호에는 충족될 수 있으나 대체로 가격이 비싸다. 일품요리를 가리켜 표준차림표, 기호요리, 선택요리의 차림표라고도 한다.

### (1) 일품요리의 장점

① 기호에 따라 고객이 메뉴를 선택할 수 있다.
② 메뉴의 단조로움을 피할 수 있다.
③ 계절별, 월별, 일별로 시기적절하게 변화를 줄 수 있다.
④ 종사원들의 능력을 배양할 수 있다.

### (2) 일품요리의 단점

① 가격이 고가이다.
② 메뉴가 복잡하다.
③ 메뉴인쇄 및 잡비용이 증가한다.
④ 재고 식재료가 증가한다.
⑤ 원가통제가 어렵다.
⑥ 고도로 숙련된 조리사가 필요하다.

## 3) 뷔페(Buffet)

찬 요리와 더운 요리 등으로 분류하여 진열해 놓은 음식을, 손님이 일정한 가격을 지불하고 자기의 기호에 맞는 음식을 직접 운반하여 양껏 먹는 식사이다.

### (1) 오픈 뷔페(open buffet)

불특정 다수를 대상으로 일정한 요금을 지불하면 마음껏 골라 먹을 수 있는 방식으로 일반적인 뷔페식당을 의미한다.

(2) 크로스 뷔페(close buffet)

사전에 이용객의 수와 가격이 정해지며, 각종 모임이나 연회 시 이용하는 뷔페식당을 의미한다.

## 제5절 식사서비스의 형태와 방법

어떤 서비스 스타일이든 모든 상황이나 음식에 맞는 경우는 없으므로 한 가지 서비스를 전적으로 사용하는 레스토랑은 거의 없다. 예를 들어, 동일한 레스토랑에 있어서도 간단한 일품요리(a la carte)를 서빙하는 테이블에서는 플레이트(plate) 서비스를 사용하는 반면에, 여러 가지의 일품요리(a la carte) 서비스를 제공하는 테이블에서는 사이드 테이블(side table) 서비스를 하기도 한다.

### 1. 테이블 서비스(Table Service)

테이블 서비스(table service)는 가장 전형적인 서비스 형태로, 쾌적한 분위기 속에서 웨이터나 웨이트리스가 보다 전문적이고 효율적인 방법으로 질 좋은 요리를 신속하게 제공하여 고객의 욕구를 충족시켜 주는 서비스이다.

#### 1) 프렌치 서비스(French Service)

프렌치 서비스는 시간의 여유가 많은 유럽의 귀족들이 훌륭한 음식을 즐기던 전형적인 서비스로 우아하고 정중하여 고급식당에서 제공되고 있는 서비스이다. 이 서비스는 고객의 테이블 앞에서 간단한 조리기구와 재료가 준비된 게리동(gueridon)을 이용하여 직접 요리를 만들어 제공하거나, 알코올 또는 가스램프를 사용하여 식지 않게 하여 음식을 덜어 주기도 하며, 먹기 편하도록 생선뼈를 제거해 주고 요리를 잘라 주기도 한다.

보통 상당히 숙련된 종사원 두세 명이 서비스하는데, 이들은 요리와 칵테일 기술이 겸비되어야 하며, 쇼맨십(showmanship)도 갖추어야 한다. 그러나 날로 높아만 가는 인건비를 줄이고자 현재 프랑스 레스토랑에서는 이러한 전통적인 서비스 방법이 플레이트 서비스로 변화되고 있는 추세이다.

① 일품요리를 제공하는 전문식당에 적합한 서비스이다.

② 식탁과 식탁 사이에 게리동이 움직일 수 있는 충분한 공간이 필요하다.

③ 숙련된 종사원으로 접객편성이 이루어져야 하므로 인건비의 지출이 높다.

④ 고객은 자기 양껏 먹을 수 있으며, 남은 음식은 따뜻하게 보관되어 추가로 서비스할 수 있다.

⑤ 다른 서비스에 비해 시간이 많이 걸리는 단점이 있다.

### 2) 러시안 서비스(Russian Service)

러시안 서비스는 생선이나 가금류를 통째로 요리하여 아름답게 장식을 한 후 고객에게 서브되기 전에 고객들이 잘 볼 수 있게 보조테이블(side-table)에 전시함으로써 식욕을 돋우는 효과가 있다.

이 서비스는 1800년도 중반에 유행했던 것으로, 큰 은쟁반(silver platter)에 멋있게 장식된 음식을 고객에게 보여주면 고객이 직접 먹고 싶은 만큼 덜어 먹거나 종사원이 테이블을 돌아가며 고객의 왼쪽에서 적당량을 덜어 주는 방법으로 매우 고급스럽고 우아한 서비스이다.

① 전형적인 연회서비스(vip)이다.

② 혼자서 우아하고 멋있는 서비스를 할 수 있고, 프렌치서비스에 비해 특별한 기물을 준비하여야 한다.

③ 요리는 고객의 왼쪽에서 오른손으로 서브한다.

④ 프렌치 서비스에 비해 시간이 절약된다.

⑤ 음식이 비교적 따뜻하게 서브된다.
⑥ 마지막 고객은 식욕을 잃기 쉽다.

### 3) 미국식 서비스(American Service)

아메리칸 서비스는 주방에서 접시에 보기 좋게 담은 음식을 직접 손으로 들고 나와 고객에게 서브하는 플레이트 서비스(plate service)와 고객의 수가 많을 때 접시를 트레이(tray)를 사용하여 보조테이블(side-table)까지 운반한 후 손님에게 서브하는 트레이 서비스(tray service)로 나눌 수 있다. 이 서비스는 레스토랑에서 일반적으로 이루어지는 서비스 형식으로, 가장 신속하고 능률적이므로 테이블 회전이 빠른 식당에 적합한 방식이다.

① 주방에서 음식이 접시에 담겨 제공된다.
② 신속한 서비스를 할 수 있다.
③ 적은 인원으로 많은 손님을 서브할 수 있다.
④ 음식이 비교적 빨리 식는다.
⑤ 고객의 미각을 돋우지 못한다.
⑥ 고급식당보다는 테이블 회전이 빠른 식당에 적합하다.

## 2. 셀프 서비스(Self Service)

셀프서비스에서는 서비스 종사원들이 테이블을 세팅한다. 모든 음식은 뷔페(buffet)식으로 정돈되고 고객들이 준비된 음식을 직접 가져다 먹는 방법이다. 셀프서비스에서는 연회(banquet)처럼 따뜻한 음식과 찬 음식을 동시에 제공하거나 샐러드 혹은 디저트 바(bar)처럼 음식들 중 일부를 제공하기도 한다. 어떤 레스토랑에서는 점심시간에 뷔페 스타일을 이용하는데 이는 가격을 낮게 유지하기 위함이다. 뷔페에서는 고객들이 한 방향으로 이동하여야 한다. 고객들이 움직이는 방향 순서에 따라서 처음 부분에는 찬 음식을 위치시키고 끝 부분에 따뜻한 음식을 위치시키는데, 이는 따뜻한 음식이 식지 않도록 하기 위함이다. 이 서비스는 고객 스스로 음식을 운반하여 먹는 형태로 카페테리아나 뷔페서비스가 바로 그것이다. 경우에 따라 카빙이 필요한 요리는 조리사가 서비스하며 수프와 음료를 웨이터가 제공해 주기도 한다.

① 기호에 맞는 음식을 다양하게 자기 양껏 먹을 수 있다.

② 식사를 기다리는 시간이 없으므로 빠른 식사를 할 수 있다.

③ 인건비가 절약된다.

④ 가격이 저렴하다.

## 3. 카운터 서비스(Counter Service)

조리장과 붙은 카운터를 식탁으로 하여 고객이 직접 조리과정을 지켜보며 식사를 할 수 있는 형식으로, 때로는 웨이터가 음식을 테이블까지 날라주기도 한다.

① 빠르게 식사를 제공할 수 있다.

② 고객의 불평이 적다.

# 참고문헌


1) 고상동, 호텔경영과 실무, 한올출판사, 1998.
2) 관광산업연구회, 관광사업경영론, 학문사, 1998.
3) 김진수 · 홍운기, 호텔식음료관리론, 학문사, 2000.
4) 박성부 · 이정실, 호텔식음료관리론, 기문사, 2000.
5) 박인규 · 장상태, 호텔식음료실무경영론, 기문사, 2000.
6) 신형섭, 호텔식음료서비스실무론, 기문사, 1999.
7) 이봉석 외 7인, 관광사업론, 대왕사, 2000.
8) 임주환 · 남영택, 음료해설, 백산출판사, 1997.
9) 이정학, 호텔식음료실무론, 기문사, 1998.
10) 유철형, 호텔식음료경영과 실무, 백산출판사, 1998.
11) 임경인, 식당경영원론, 대왕사, 1999.
12) 정종훈, 호텔 · 레스토랑 식음료경영론, 백산출판사, 1998.
13) 하헌국 외 2인, 호텔식음료경영론, 한올출판사, 1998.
14) Ninemeier, J. D., Food & Beverage Management, AH&MA, 1984.
15) Schmidt, A., Food and Beverage Management in Hotel, A CIB Book, 1987.
16) West, B. B., Wood, L., & Hargar, V. F., Food Service in Institutions, Wiley & Sons, Inc., 1976.
17) Lattin, G. W., Modern Hotel & Motel Management, Mcgraw-Hill, 1977.

CHAPTER 08

# 호텔 · 레스토랑 Mise-en Place

제1절 Mise-en Place

제2절 집기, 비품

제3절 테이블 세팅(Table Setting)

# 08 호텔 · 레스토랑 Mise-en Place

## 제1절 Mise-en Place

### 1. 영업준비

영업준비란, 접객서비스를 하기 위하여 소요되는 모든 준비물(장비, 집기, 비품, 소모품 등)을 충분히 확보하여 정위치에 비치하고 청소상태, 환경정리, 시설물 등을 완벽하게 재정비함을 말한다. 따라서 종사원들은 영업에 차질이 없도록 일의 진행순서를 숙지하여 신속하게 수행해야 한다.

### 2. 종사원의 개인도구

전문적인 서버에게 없어서는 안 될 세 가지의 도구가 있다. 이를 늘 지니는 것은 그렇게 어렵지는 않지만 이들 중 하나라도 없으면 고객에게 서빙하는 데 당황할 수 있다.

세 가지의 개인도구는 청결한 핸드타월(냅킨), 코르크스크루, 그리고 주문서와 펜이다. 이러한 도구들은 항상 종사원이 지니고 다녀야 하며, 필요할 때마다 적절하게 사용할 수 있도록 정해진 장소에 비치해 두어야 한다.

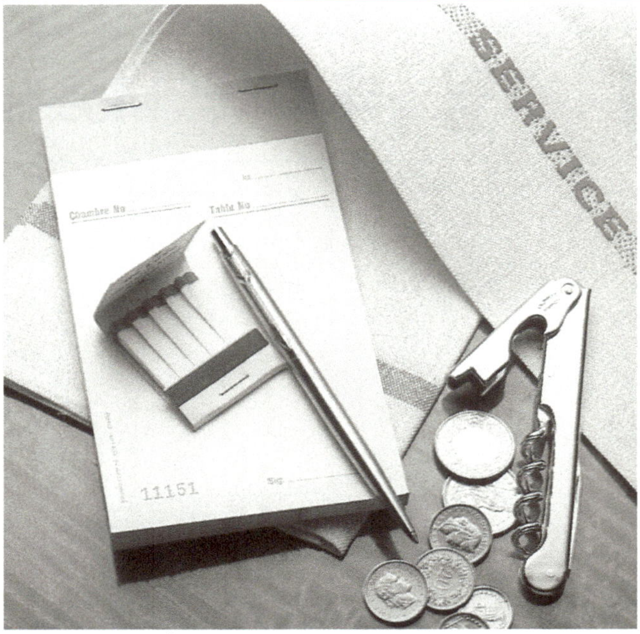


[그림 8-1] 종사원의 개인도구

### 1) 핸드타월 또는 냅킨(A Clean Hand Towel or Napkin)

핸드타월은 뜨거운 플레이트나 플래터를 다룰 때 종사원을 보호하기 위해서 사용한다. 핸드타월은 서빙의 시작부터 끝까지 항상 깨끗한 상태를 유지하여야 한다. 그러기 위해서는 항상 핸드타월을 점검하고 필요하다면 수시로 교환을 해야 한다.

### 2) 코르크스크루(A Corkscrew)

코르크스크루에는 일반 병을 딸 수 있는 오프너, 그리고 와인을 밀폐한 호일이나 플라스틱 재질의 마개를 따기 위한 작은 크기의 칼이 함께 붙어 있어야 한다.

### 3) 주문서와 펜(A Pen and Order Pad)

주문서와 펜은 주문을 받기 위해서 필요하다.

# 제2절 집기, 비품

호텔 · 레스토랑에서 사용하는 집기와 비품은 레스토랑의 종류에 따라서 완전히 달라진다. 일반적으로 양식당에서 사용하는 집기와 비품이 레스토랑을 통틀어 가장 대표적이고 기본적일 뿐만 아니라 종류도 다양하므로 양식당의 집기, 비품을 중심으로 알아보고자 한다.

## 1. 집기

### 1) 은기물류(Silverware)

은기물류는 순은제와 은도금의 두 종류가 있으며, 호텔 대부분에서는 은도금 기물을 사용하고 있다. 은도금 기물도 원가가 대단히 비싼 관계로 고급 레스토랑에서만 사용하고 있으며, 일반 레스토랑에서는 품질이 좋은 스테인리스 기물을 많이 사용하고 있다. 나이프 · 포크 · 스푼 등 실버류는 손잡이를 잡고 닦으며, 포크는 날의 안쪽을 확인하며 닦는다. 기물을 치울 때에는 종류별로 트레이(tray)를 사용해서 은기류통에 조심스럽게 놓는다. 약물 처리는 3일에 한 번 하며 코팅이 벗겨진 은기류는 일주일에 한 번씩 스튜어드에게 의뢰하여 코팅한다.

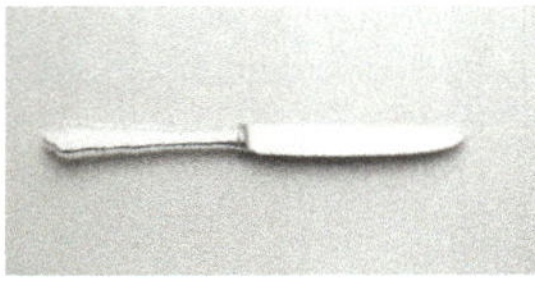
Dinner knife

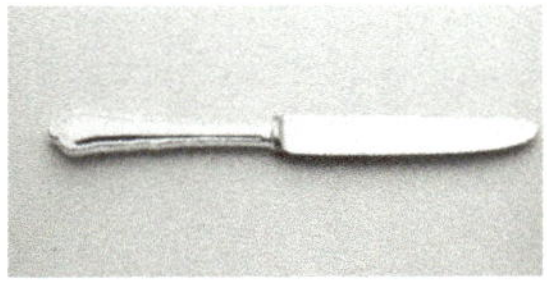
Small knife

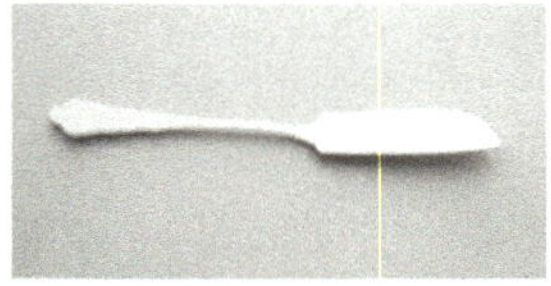
Fish knife

Dinner fork

Salad fork

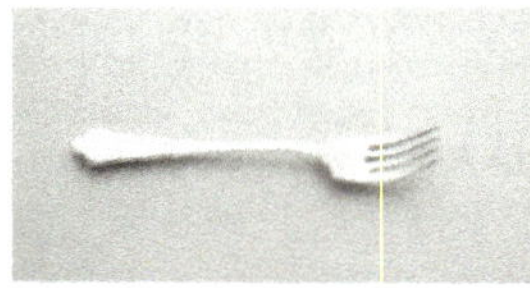
Fish fork

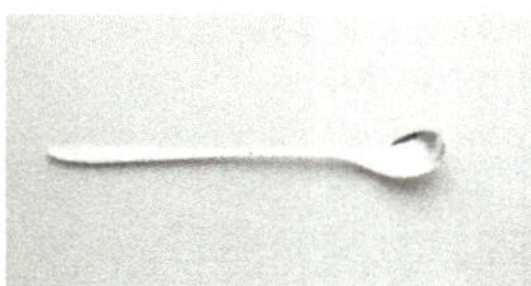
Coffee spoon

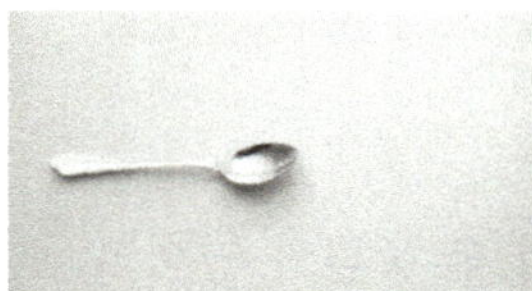
Espresso spoon

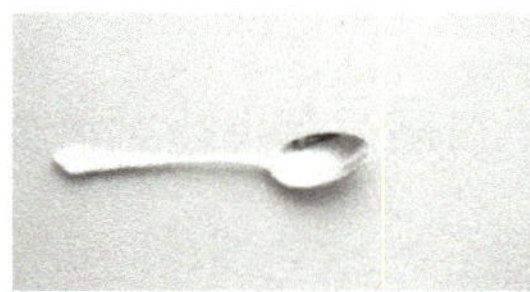
Sundae or iced-tea spoon

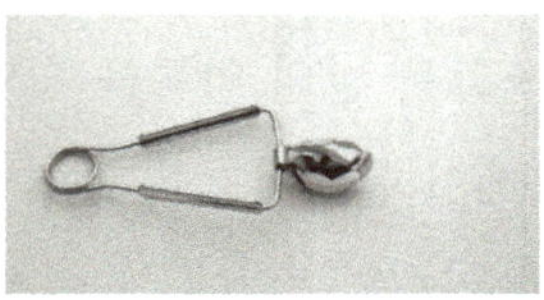
Snail tongs

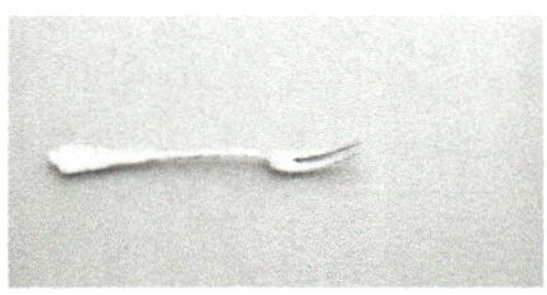
Snail forks

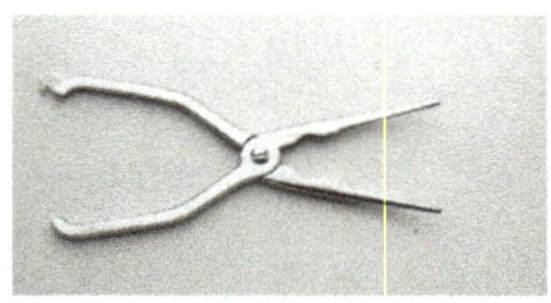
Lobster tongs

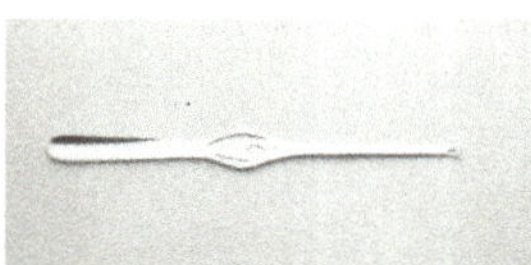
Lobster fork

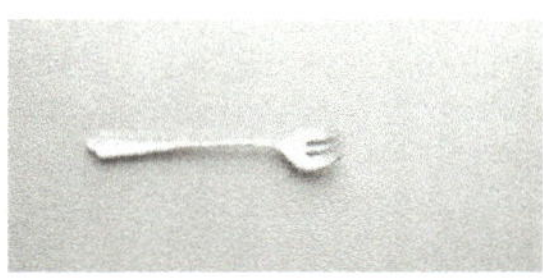
Oyster fork

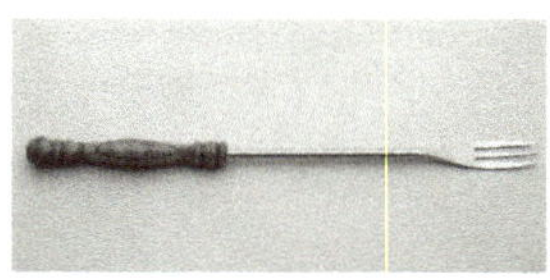
Fondue fork for cheese fondue

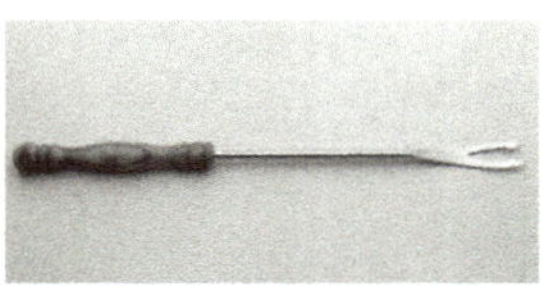
Fondue fork beef fondue

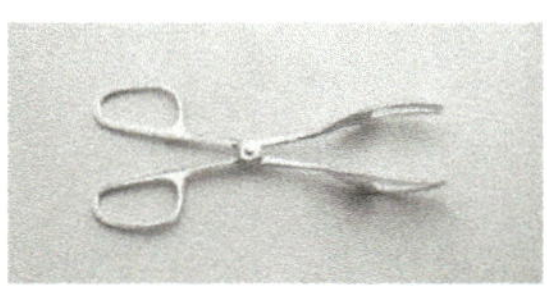
Pastry tongs

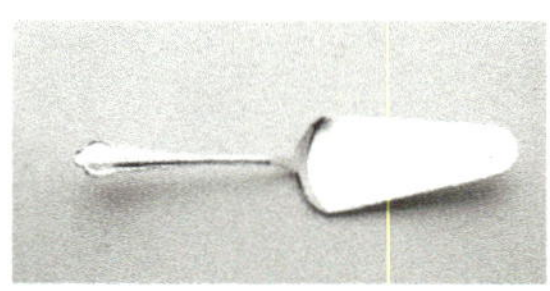
Cake and pie servers

Platter

Cocotte

Vegetable bowl

Oval casserole

Fish server

Cloche

Sauce boat

Finger bowl

Coffee server

Tea server

Milk pitcher

Ice bucket

Wine basket

[그림 8-2] 은기물류

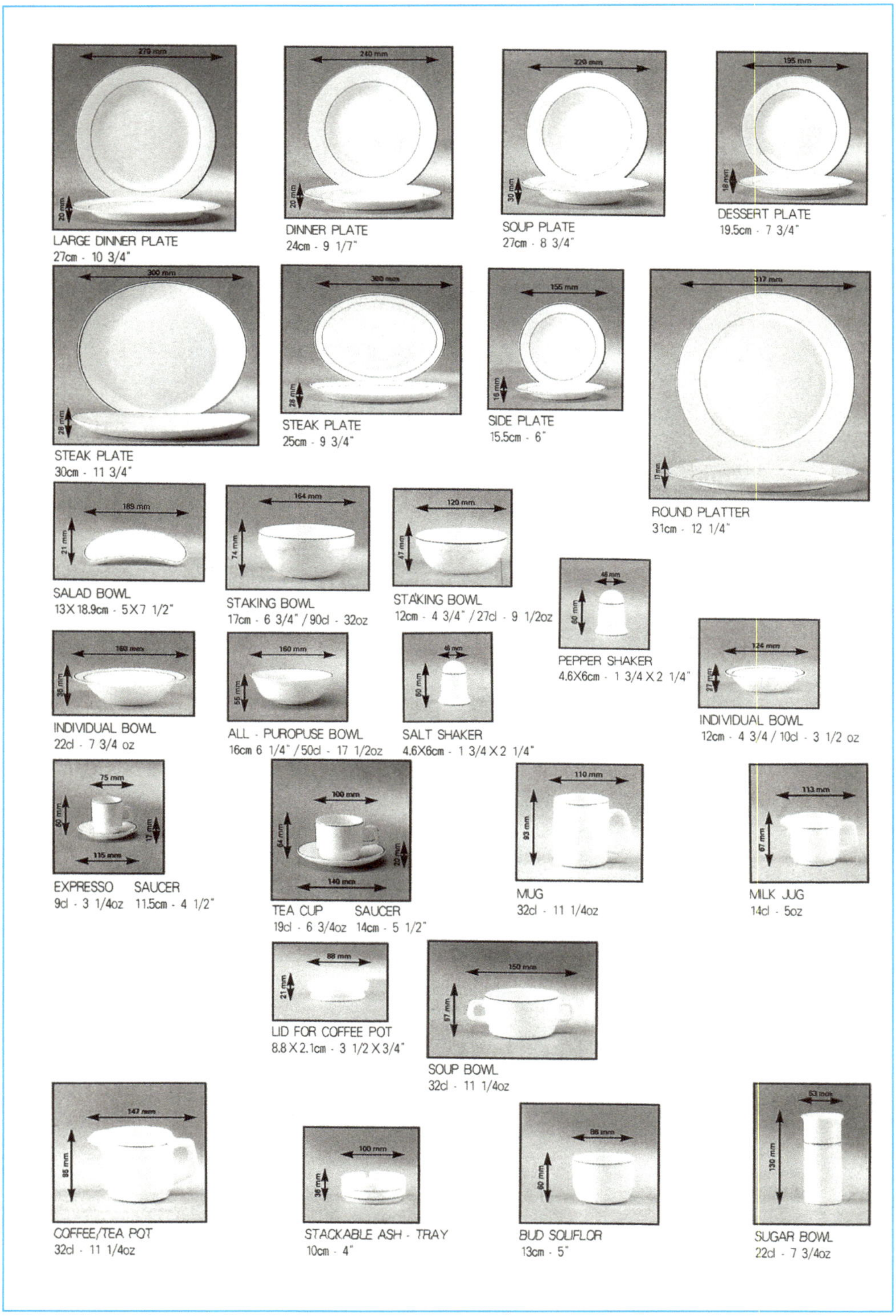
LARGE DINNER PLATE
27cm - 10 3/4"
DINNER PLATE
24cm - 9 1/7"
SOUP PLATE
27cm - 8 3/4"
DESSERT PLATE
19.5cm - 7 3/4"
STEAK PLATE
30cm - 11 3/4"
STEAK PLATE
25cm - 9 3/4"
SIDE PLATE
15.5cm - 6"
ROUND PLATTER
31cm - 12 1/4"
SALAD BOWL
13X18.9cm - 5X7 1/2"
STAKING BOWL
17cm - 6 3/4" / 90cl - 32oz
STAKING BOWL
12cm - 4 3/4" / 27cl - 9 1/2oz
PEPPER SHAKER
4.6X6cm - 1 3/4 X 2 1/4"
INDIVIDUAL BOWL
22cl - 7 3/4 oz
ALL - PUROPUSE BOWL
16cm 6 1/4" / 50cl - 17 1/2oz
SALT SHAKER
4.6X6cm - 1 3/4 X 2 1/4"
INDIVIDUAL BOWL
12cm - 4 3/4 / 10cl - 3 1/2 oz
EXPRESSO SAUCER
9cl - 3 1/4oz 11.5cm - 4 1/2"
TEA CUP SAUCER
19cl - 6 3/4oz 14cm - 5 1/2"
MUG
32cl - 11 1/4oz
MILK JUG
14cl - 5oz
LID FOR COFFEE POT
8.8X2.1cm - 3 1/2X3/4"
SOUP BOWL
32cl - 11 1/4oz
COFFEE/TEA POT
32cl - 11 1/4oz
STACKABLE ASH - TRAY
10cm - 4"
BUD SOLIFLOR
13cm - 5"
SUGAR BOWL
22cl - 7 3/4oz

[그림 8-3] 도자기류

### 2) 도자기류(Chinaware)

도자기류는 취급과 운반 시에 깨지지 않도록 상당한 주의를 요하며, 금이 가거나 깨졌거나 오점이 없는가를 확인한 후 불량품은 폐기해야 한다. 또 식기끼리 부딪치지 않도록 항상 조심해서 다루어야 하며, 운반할 때에는 한꺼번에 많은 양을 취급하지 않도록 한다. 접시를 운반하는 방법에는 2개, 3개, 4개 운반하는 법과 여러 개를 한꺼번에 운반하는 방법이 있는데, 취급 시에는 접시의 테두리(rim) 안쪽으로 손가락이 절대 들어가지 않도록 잡아야 한다.

### 3) 글라스류(Glassware)

글라스류는 원통 모양(cylindrical glass)과 굽이 달린 모양(stemmed glass) 등 두 종류로 크게 나눌 수 있다. 각종의 글라스는 디자인과 용도, 용량에 따라 각기 만들어지고 있지만 제조자에 의해서 같은 용도의 것이 달리 만들어지기도 한다. 글라스류는 파손될 우려가 크므로 취급 시 각별히 조심하여 손실이 없도록 해야 한다.

Water goblet

Red-wine glass

White-wine glass

Wine tumbler

Bordeaux glass

Red-wine sniffer

Champagne glass

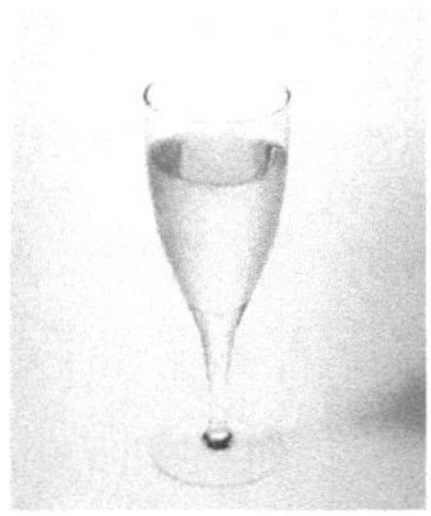
Sparkling-wine glass

Champagne saucer

Rhine-wine glass

Rummer

Cognac glass

Large sniffer

Small sniffer

Shot glass

Cocktail glass

Fortified-wine glass

Aperitif glass

Rocks glass

Irish-coffee glass

Coffee glass

Tea glass

Milk glass

Sundae glass

Carafes and pitchers

Decanter

Short beer glass

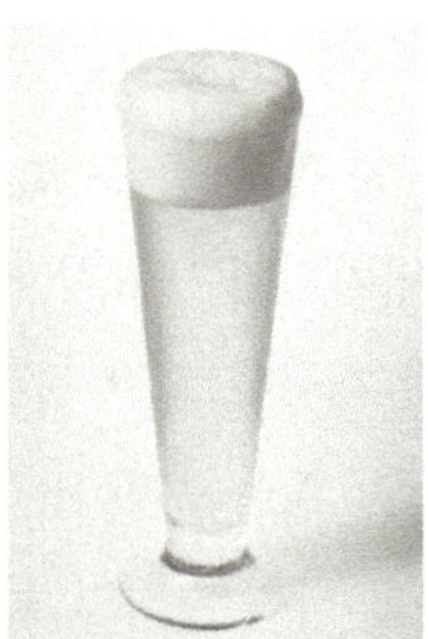
Pilsner beer glass

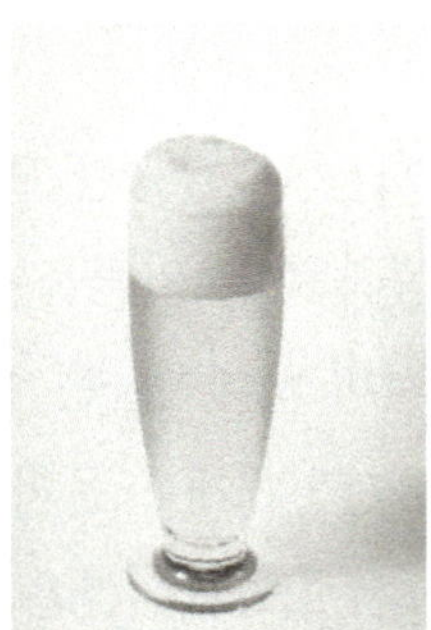
Tall beer glass

Beer tulip

Beer tankard

[그림 8-4] 글라스류

## 2. 비품

호텔·레스토랑의 비품은 레스토랑 종류에 따라 각양각색이나 주로 양식당의 비품류가 다양하므로 양식당을 중심으로 다음과 같이 접객서비스에 사용되는 비품류를 살펴본다.

레스토랑의 비품들을 어떻게 배치하는가는 전적으로 레스토랑의 콘셉트에 달려 있다. 소규모 호텔에서 저렴한 가격대의 메뉴로 격식을 차리지 않고 서비스하는 작은 레스토랑과, 높은 가격대로 고품격의 식사를 제공하는 고급 레스토랑에서 사용되는 비품은 상당히 다를 것이다. 그러나 기본적으로 사용되는 비품은 크게 차이가 나지는 않는다.

### 1) 서비스 테이블

서비스 테이블에는 영업 준비를 하는 데 필요한 모든 도구들, 즉 포크, 나이프, 스푼 등과 같은 은기류, 접시, 글라스류 등과 같은 기물들이 비치되어 필요할 때마다 편리하게 사용될 수 있도록 하여야 한다. 서비스 테이블은 항상 깨끗하고 잘 정돈되어 있어야 한다. 그렇지 않으면 서빙을 하는 종사원에게 도움이 되지 않을 뿐만 아니라 고객에게 눈살을 찌푸리게 하는 요인이 된다. 서비스 테이블은 매일 저녁 영업이 끝난 후 말끔히 청소해야 하고, 다음 날 아침 새롭게 다시 정돈을 해야 한다.

[그림 8-5] 서비스 테이블

### 2) 2인 또는 4인용 레스토랑 테이블(Rectangular Table)

사각테이블은 장점이 두 가지 있는데 첫째, 종사원과 고객 간의 아이 콘택트(eye contact)가 이루어져 종사원이 주문을 받을 때 더욱더 고객에게 주의를 기울일 수 있고, 둘째, 플레이트로 서빙하거나 음식을 자를 때 또는 플람베(flambéing) 서비스를 할 때 고객들이 쉽게 종사원이 서빙하는 과정을 보면서 즐기고 이에 대한 감동을 받을 수 있다.

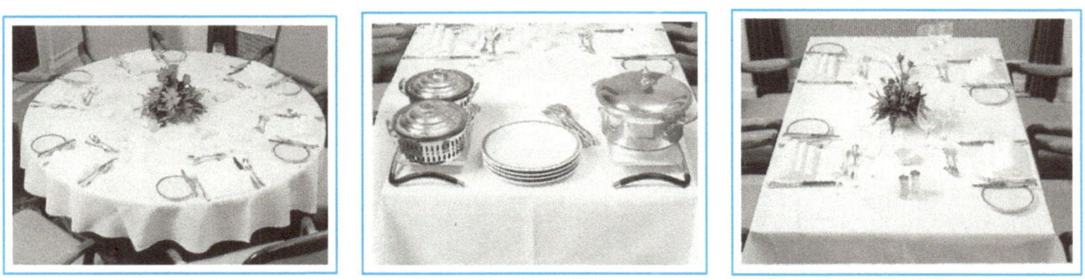

[그림 8-6] 레스토랑 테이블

### 3) 4명 이상이 앉을 수 있는 원형 테이블(Round Table)

원형 테이블은 원래는 보통 단골고객을 위해서 또는 외부에서 식사를 하는 데 사용했었으나, 요즈음에는 5명 또는 6명까지 편안하게 앉을 수 있는 장점이 있기 때문에 모든 유형의 레스토랑에서 사용되고 있다.

테이블은 삐걱거리거나 흔들리지 않아야 한다. 이런 소음을 방지하기 위하여 테이블 다리 바닥에 코르크를 붙이기도 한다. 그러나 요즈음 나오는 테이블은 다리 밑에 나사 모양으로 조절하는 장치를 달고 있어서 언제든지 적당하게 조절할 수 있게 되어 있다.

### 4) 게리동 또는 사이드 테이블(Guéridon or Side Table)

게리동은 유럽 레스토랑에서 사용되며, 미국식 레스토랑에서는 자주 사용하지 않는다. 이 작은 사이드 테이블은 길이가 30인치 정도, 넓이는 20인치 정도 된다. 그리고 경우에 따라서 바퀴가 달려있기도 하다. 이는 주로 음식을 테이블에 운반하거나 카빙(carving)을 하는 데 사용된다.

### 5) 스페셜 카트(Special Cart)

유럽에서는 잘 사용하지만 미국에서는 디저트나 페이스트리 쇼 케이스(pastry show case)로 사용되는 것 외에 거의 사용되지 않는다. 이 스페셜 카트는 음식을 적당한 온도로 유지하기 위하여 음식을 데우거나 시원하게 하는 기구를 갖추고 있다. 음식을 데우는 기구가 있는 브와튀르(voitures)는 주로 당일 특별음식이나 해당 날짜의 특별메뉴에 사용된다.

예를 들어, 큰 덩어리의 로스트나 또는 햄을 요리하여 전시를 하고 고객들에게 테이블에 끌고 다니면서 보여주고 고객이 원하는 경우 잘라서 서빙을 한다. 냉장시설을 갖추고 있는 브와튀르는 주로 애피타이저, 샐러드, 그리고 살짝 얼린 디저트를 서빙하는 데 주로 사용된다. 고객은 브와튀르에서 자신이 원하는 음식을 직접 선택할 수 있기 때문에 더욱 훌륭한 메뉴 마케팅의 기법이 될 수 있다.

[그림 8-7] 스페셜 카트

스페셜 카트(special cart)나 브와튀르는 전시하는 도구이기 때문에 두 가지 조건을 충족하여야 한다. 첫째, 매일 완벽하게 청소를 하여 절대적으로 청결을 유지하여야 하고, 둘째, 아름답게 전시할 수 있어야 한다. 그렇게 함으로써 고객들을 즐겁게 하고 그들의 식욕을 돋우어 줄 수 있어야 한다.

다른 서비스 카트는 주로 미리 요리가 된 음식, 예를 들면 오르되브르(hors d'oeuvre), 샌드위치, 디저트 등과 같은 음식을 전시하는 데 주로 사용된다. 이러한 유형의 카트들은 바퀴가 달려 있으며, 고객들에게 전시를 하여 그들의 식욕을 돋우고, 고객들이 선택을 자유롭게 할 수 있게 하여 매출에 기여한다.

**① 플람베 트롤리**

고객 앞에서 종사원이 직접 조리하여 요리를 서브하는 알코올 또는 가스버너(gas burner)를 갖춘 카트이다. 영업 전에 알코올이나 가스, 조리 시 필요한 프라이팬(fry-pan), 와인, 양념류, 각종 테이블 소스(table sauce) 등을 고정 비치해 두어야 하며, 화재예방을 위해 반드시 소형 소화기도 마련해 둔다.

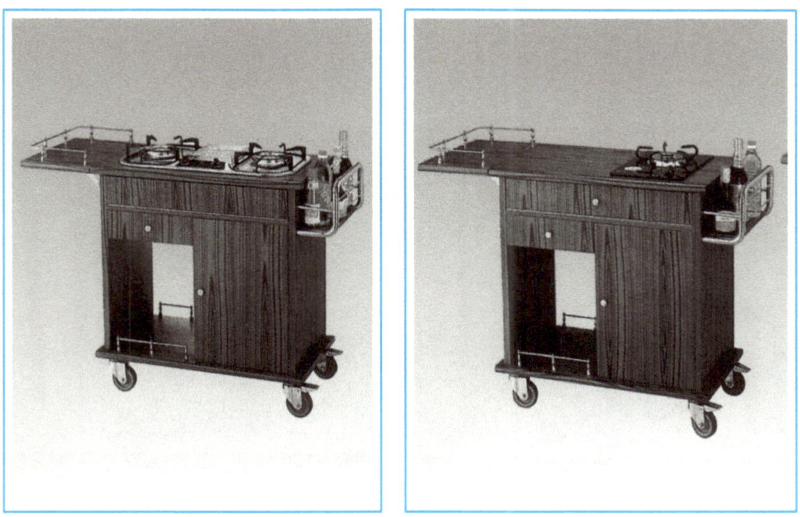

[그림 8-8] 플람베 트롤리

**② 디저트 트롤리**

보관이 용이하도록 냉장설비가 되어 있으며, 여러 가지 후식을 진열하여 고객이 잘 볼 수 있도록 꾸민 전시용 수레이다. 영업 전에 디저트 접시, 디저트 스푼과 포크 등 필요한 기물을 갖추어 즉석에서 서브할 수 있도록 한다.

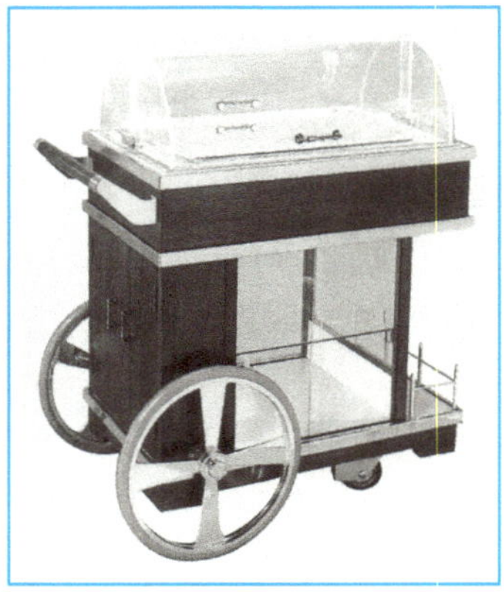

[그림 8-9] 디저트 트롤리

③ **로스트비프 왜건**(Roast Beef Wagon)

요리된 로스트비프가 식지 않도록 뚜껑이 있으며, 아래쪽에 장착된 연료를 사용하여 적당한 온도를 유지할 수 있도록 되어 있다. 또 도마와 조리용 칼, 소스가 준비되어 있으며, 고객 앞에서 직접 카빙(carving)하여 제공한다.

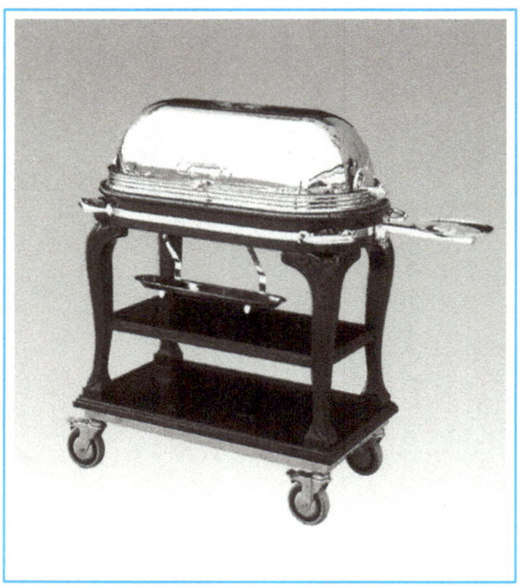
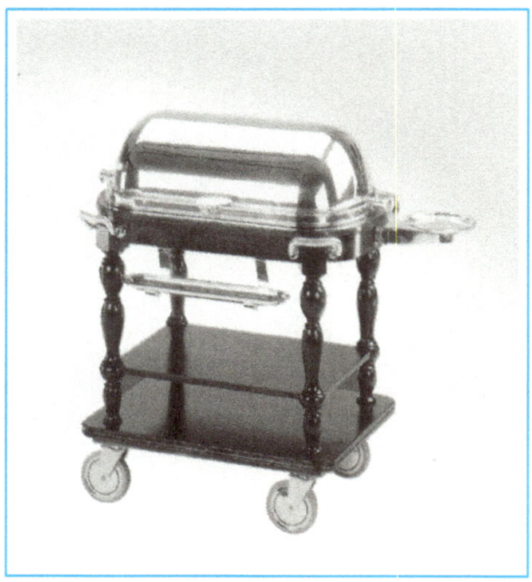

[그림 8-10] 로스트 비프 왜건

④ **바 왜건**(Bar Wagon)

각종 주류진열과 조주에 필요한 얼음, 글라스, 부재료, 기물 등을 비치하여, 고객 앞에서 주문받아 즉석에서 조주하여 서브할 수 있도록 꾸며진 이동식 수레이다.

[그림 8-11] 바 왜건

⑤ **룸서비스 카트**(Room Service Cart)

호텔 객실 투숙객의 식음료를 서비스할 때 사용하는 것으로 주문 내용에 따라 필요한 준비물을 세트업해야 한다. 때로는 객실 고객의 룸바로도 활용할 수 있어야 한다.

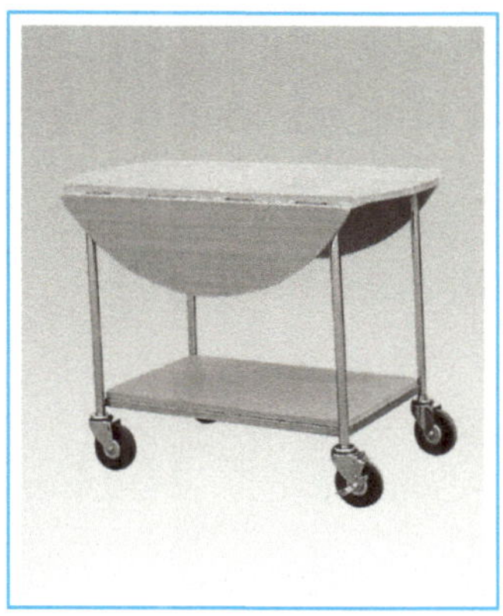

[그림 8-12] 룸서비스 카트

### 6) 레쇼(Réchauds)

레쇼에는 핫플레이트(hot-plate)와 워머(warmer) 그리고 버너가 있어서 외부에서도 음식을 주방에서와 마찬가지로 따뜻하게 유지할 수 있다. 즉, 이 도구는 접시나 서빙 접시를 따뜻하게 하여 서빙 후에도 음식의 온도를 보존할 수 있게 해 준다. 전기 레쇼는 사용하기 한 시간 전에 스위치를 켜 놓아야 한다. 은기류를 사용할 때에는 전기 레쇼 위에 단열천을 씌운 다음 그 위에 은기류를 놓는다. 이렇게 하면 레쇼를 청결하게 유지할 수도 있기 때문에 유지비를 줄일 수 있다.

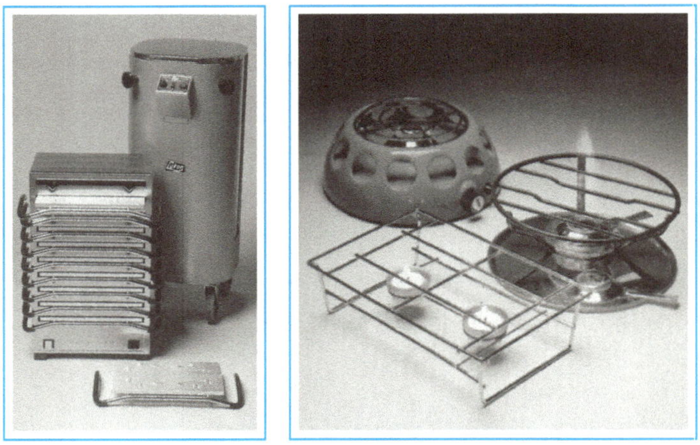

[그림 8-13] 레쇼

### 7) 트레이(Tray)

트레이는 접객 서비스 시에 요리나 식기 등을 안전하게 운반하기 위하여 사용되는 도구이며, 용도에 따라 크고 작은 형태로 나누어진다. 일반적으로 은제류(silver), 스테인리스 스틸(stainless steel), 플라스틱(plastic) 제품이 많으며, 둥근형, 타원형, 사각형, 직사각형의 종류가 있다.

## 제3절 테이블 세팅(Table Setting)

## 1. 준비사항

### 1) 청소

즐거운 식사를 하기 위해서는 청결하게 정돈된 주변 환경이 무엇보다도 중요한 역할을 한다. 그러므로 테이블을 꾸미기 전에는 테이블과 의자를 비롯하여 영업장 내의 구석구석 조그만 부분까지 철저하게 청소해야 한다.

### 2) 테이블 및 의자

테이블은 고객이 불편을 느끼지 않도록 배치되어야 하며, 흔들리지 않게 바르게 놓여야 한다. 테이블의 높이는 70~75cm, 의자의 높이는 40~45cm가 표준이며, 한 사람이 점유하는 좌석의 넓이는 70cm를 기준으로 한다. 테이블과 테이블, 테이블과 의자, 그리고 의자와 의자의 간격은 정확히 유지되어야 한다.

### 3) 테이블 클로스(Table Cloth) 및 냅킨(Napkin)

테이블 클로스는 흰색을 사용하는 것이 원칙이지만, 근래에는 색과 무늬가 들어 있는 다양한 종류의 클로스가 사용되고 있다. 테이블클로스는 깨끗하게 다림질이 되어야 하며, 클로스를 깔 때에는 접었던 선이 테이블의 가로와 세로가 평행이 되도록 하여야 한다. 이때, 테이블에서 늘어지는 클로스의 길이는 40cm 정도가 되게 한다.

냅킨의 크기는 50~50cm를 표준으로 다소의 차이가 날 수도 있다. 색상과 모양은 레스토랑의 분위기와 조화를 이루는 격조 높은 것이라야 하며, 때때로 색상과 모양을 바꾸어 변화 있는 분위기를 만들기도 한다.

### 4) 센터 피스(Center Pieces)

센터 피스란, 테이블의 중앙에 놓는 집기를 말한다. 즉 테이블을 돋보이게 하기 위해 놓는 꽃병과 소금, 후추병, 촛대 등이 있으며, 뷔페 테이블의 중앙에 장식물로 놓이는 생선요리, 케이크, 과일용 은제 바스켓, 얼음조각 등도 이에 속한다. 꽃은 높이가 너무 높아 상대방의 얼굴을 마주보는 데 방해가 되어서는 안 된다. 촛대 역시 손님의 대화에 지장을 주는 높이는 피해야 한다. 소금과 후추병은 보통 2~3명에 한 세트씩 세팅하며, 내용물이 차 있어야 하고, 응고되거나 구멍이 막히지 않았는지를 확인한다.

### 5) 쇼 플레이트(Show Plate)

각 커버의 중앙에 놓는다. 테이블의 테두리에서 약 2cm 정도 떨어지게 놓는다. 그 이유는 균형 있는 외관과 고객이 착석할 때 옷깃이 닿지 않게 하기 위함이다.

### 6) 디너 나이프(Dinner Knife)와 디너 포크(Dinner Fork)

디너 나이프는 칼날이 안쪽으로 향하게 하여 쇼플레이트 오른쪽에 놓는다. 디너 포크는 쇼플레이트 왼쪽에 보기 좋게 붙여 놓는다. 디너 나이프와 디너 포크로부터 식사코스 역순으로 놓아 나간다.

### 7) 빵 접시(Bread Plate) 및 버터나이프(Butter Knife)

빵 접시는 왼쪽의 포크를 세팅하는 가장 외부의 기물과 접하여 세팅한다. 이는 왼손으로 빵을 먹을 수 있게 하기 위해서다. 버터나이프는 빵 접시 위에 1/4 정도 부분에 놓는다.

### 8) 디저트 스푼(Dessert Spoon)과 디저트 포크(Dessert Fork)

모두 쇼플레이트 상단에 위치하며, 디저트 스푼의 손잡이는 오른쪽으로 향하고, 디저트 포크의 손잡이는 왼쪽으로 향하게 한다.

### 9) 글라스 세팅

워터글라스는 디너 나이프의 끝 쪽 부분에 놓는다. 이는 음료를 마실 때 오른손을 사용하기 때문이다. 와인글라스는 워터 글라스를 기준으로 마름모꼴 또는 사선형으로 45° 대각선 상에 놓는다. 그 순서는 화이트 와인, 레드 와인, 샴페인 순으로 놓는다.

## 2. 테이블 세팅의 순서

영업장과 테이블의 종류에 따라 세팅 순서가 달라질 수 있겠으나 양식 Full-course를 기준으로 일반적인 테이블 세팅 순서는 다음과 같다.

① 테이블과 의자를 점검한다.

② 테이블 클로스를 편다.

③ 센터 피스(center pieces)를 세팅한다.

④ 쇼 플레이트(show plate)를 세팅한다.

⑤ 치즈 나이프와 포크(cheese knife & fork)를 세팅한다.

⑥ 샐러드 나이프와 포크(salad knife & fork)를 세팅한다.

⑦ 메인 나이프와 포크(main knife & fork)를 세팅한다.
⑧ 피시 나이프와 포크(fish knife & fork)를 세팅한다.
⑨ 수프 스푼(soup spoon)를 세팅한다.
⑩ 애피타이저 나이프와 포크(appetizer knife & fork)를 세팅한다.
⑪ 빵 접시(bread plate)를 세팅한다.
⑫ 버터 나이프(butter knife)를 세팅한다.
⑬ 디저트 스푼과 포크(dessert spoon & fork)를 show plate 위쪽에 세팅한다.
⑭ 물잔과 와인잔(water goblet, white & red wine glass) 등 glass를 세팅한다.
⑮ 냅킨(napkin)을 편다.
⑯ 전체적인 조화와 균형을 점검한다.

## 3. 테이블 세팅의 종류

### 1) 테이블세팅의 기본원칙

① 쇼 플레이트와 은기물류는 테이블 가장자리로부터 약 0.5cm 정도의 간격을 두고 놓는다.
② 기물류의 배열은 전체적인 균형을 이룰 수 있도록 적당한 간격으로 보기 좋게 놓는다.
③ 빵 접시(bread plate)의 중앙선과 쇼 플레이트의 중앙선이 일치하도록 배열한다.
④ 디너 나이프(dinner knife)는 칼날이 안쪽으로 향하게 한다.
⑤ 버터 나이프(butter knife)는 빵 접시 위에 오른쪽으로 1/4 정도 되는 부분에 포크의 배열과 맞춰 놓는다.
⑥ 물잔(water goblet)은 디너 나이프의 끝쪽 연장선과 디저트 스푼과 포크의 중앙 배열선이 교차되는 곳에 놓는다.
⑦ 와인잔(wine glass)은 물잔의 오른쪽 아래쪽으로 45° 대각선 상에 놓는다.
⑧ 센터 피스(center pieces)의 배열은 테이블의 종류와 인원에 따라 달라질 수 있겠으나, 일반적으로 왼쪽부터 후추, 소금, 꽃병의 순으로 배열한다.
⑨ 성냥은 알맹이 하나의 끝을 성냥갑 밖으로 나오게 하여 재떨이 앞쪽에, 로고(logo)를 손님이 볼 수 있도록 놓는다.
⑩ 쇼 플레이트를 사용하지 않을 때에는 냅킨(napkin)을 놓아서 기준을 삼는다.

### 2) 기본 세팅(Basic place Setting)

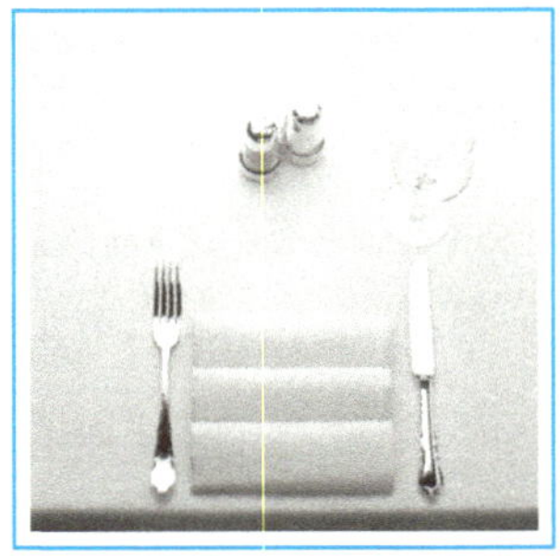

기본 차림은 레스토랑에서 효과적으로 식사를 제공하기 위하여 최소한의 세팅을 해 놓고 고객을 기다리는 것이다. 이를 기본 차림세팅이라고 한다.

### 3) 일품요리 기본 세팅(Basic a la Carte Setting)

대체로 애피타이저나 간단한 식사를 제공할 때 쓰이는 세팅으로 정식 세팅처럼 가짓수가 많지는 않지만 메뉴에 따른 특색 있는 세팅이 요구된다.

### 4) 정식 세팅(Table d'hote Setting)

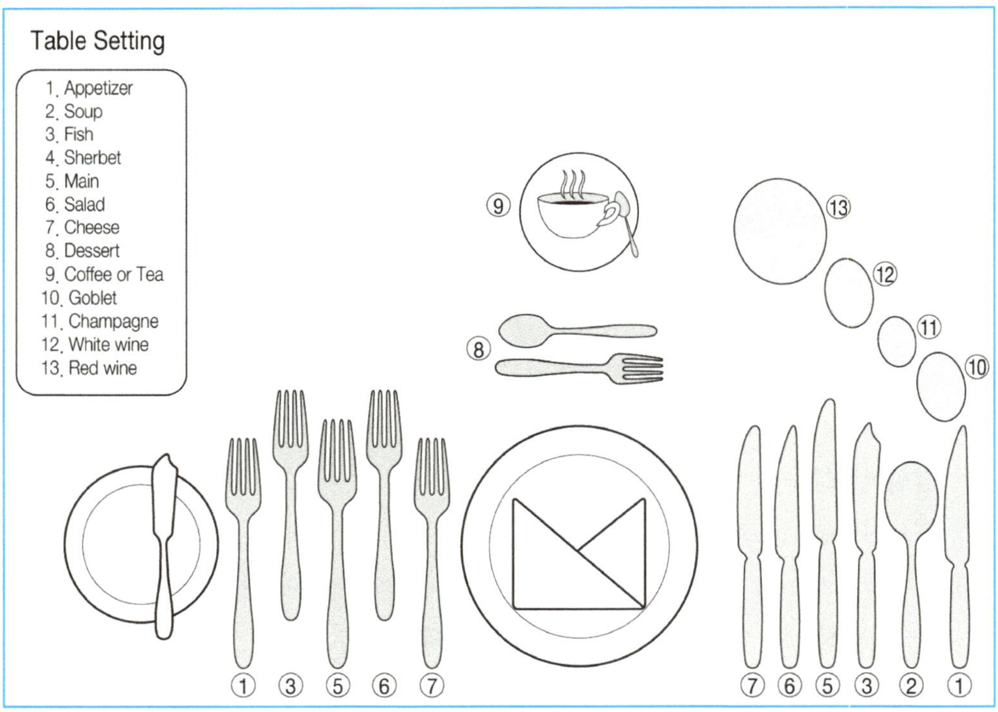

## 5) 특별식 세팅(Special Setting)

### (1) 생선(Fish)

Utensil : Fish Fork and Knife

### (2) 바닷가재(Lobster)

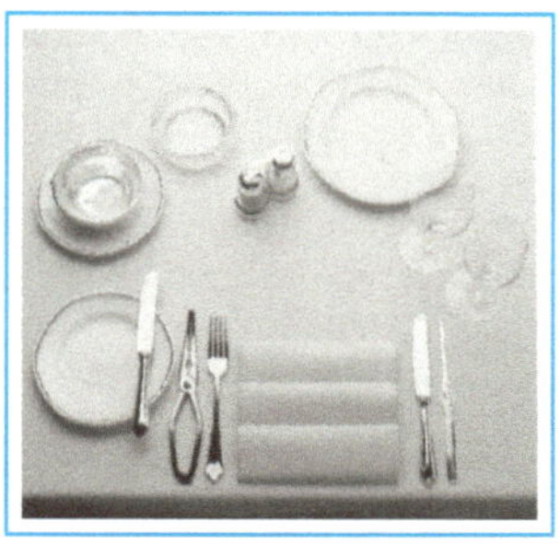

Utensil : Lobster Fork, Lobster Tongs, Small Knife

### (3) 비프 퐁뒤(Beef Fondue)

Utensil : Fondue Fork for Beef Fondue, Dinner Knife, Dinner Fork

### (4) 훈제연어, 거위간(Smoked Salmon, Goose Liver)

Utensil : Small Knife, Salad Fork

### (5) 새우 칵테일(Shrimp Cocktail)

Utensil : Salad fork, Tea spoon

### (6) 굴(Oyster)

Utensil : Oyster Fork

### (7) 달팽이(Snail)

Utensil : Tea spoon, Snail Fork, Snail Tongs

# 참고문헌


1) 최주호, 호텔식음료서비스, 형설출판사, 2001.
2) 강인호 · 김찬영 · 호텔외식사업 식음료경영과 실무, 기문사, 2002.
3) 김용순 · 이관표 · 정현영, 호텔레스토랑 식음료경영, 백산출판사, 2002.
4) 롯데호텔, 식음료서비스 매뉴얼, 1988, 2003.
5) 박영배, 호텔외식산업 음료주장관리, 백산출판사, 2001.
6) 신재영 · 박기용 · 정청송, 호텔레스토랑 식음료서비스관리론, 대왕사, 2001.
7) 박성부 · 이정실, 호텔식음료관리론, 기문사, 2000.
8) 박인규 · 장상태, 호텔식음료 실무경영론, 기문사, 2000.
9) 신형섭, 호텔식음료서비스실무론, 기문사, 1999.
10) 임주환 · 남영택, 음료해설, 백산출판사, 1997.
11) 이정학, 호텔식음료실무론, 기문사, 1998.
12) 유철형, 호텔식음료경영과 실무, 백산출판사, 1998.
13) 임경인, 식당경영원론, 대왕사, 1999.
14) Ninemeier, J. D., Food & Beverage Management, AH&MA, 1984.
15) Schmidt, A., Food and Beverage Management in Hotel, A CIB Book, 1987
16) West, B. B., Wood, L., & Hargar, V. F., Food Service in Institutions, Wiley & Sons, Inc., 1976.
17) Lattin, G. W., Modern Hotel & Motel Management, Mcgraw-Hill, 1977.

CHAPTER 09

# 메뉴관리

제1절 서양요리의 개요

제2절 메뉴의 개념

제3절 메뉴의 구성

# 09 메뉴관리

## 제1절 서양요리의 개요

프랑스요리는 16C 초까지는 영국요리와 마찬가지로 창조성이 없었다. 그러나 1533년 오를레앙(Orleans) 공작은 이탈리아의 유명한 플로렌틴가의 카트린 메디치(Catherine Medici)와 결혼함에 따라 그녀의 많은 유명한 이탈리아 조리장과 제빵 전문가들이 프랑스로 들어오게 되었다. 그리하여 프랑스인들은 이들로부터 조리를 배워 그들의 조리학교에서 요리를 기술적으로 발전시켰다. 식사법도 이탈리아의 영향이 컸다. 손을 씻는 법, 포크 사용법, 잼 만드는 법, 여러 가지 디저트 만드는 법이 전래되었다. 프랑스요리는 계속 성장하여 17C 말엽에 고전요리가 세계에 널리 알려졌다. 프랑스의 고전요리는 신선하고 우수한 음식재료, 재능 있는 조리사, 간단하고 예술적이며 완전한 표현양식, 미묘하고도 균형 있는 맛, 감상할 줄 아는 고객 등이 완벽하게 조화된 요리였다. 17C 말에는 차, 커피, 코코아, 아이스크림, 특히 동 페리뇽(Dom Perignon)이 샴페인을 발명하여 큰 변혁을 이루었다.

루이 14세(1638~1715) 때에는 프랑스 문화가 유럽 전체에 파급되어 유럽의 각 궁전과 귀족들이 그들의 요리와 음료부문의 전권을 프랑스 요리장에게 맡길 정도였다. 이때의 요리는 세련은 되었으나 실제 맛보다는 눈에 보기 좋은 요리였다.

여러 사람들의 노력이 19세기까지 이어지고 20세기에 접어들면서 오귀스트 에스코피에(Auguste Escoffier, 1847~1935)는 지금까지의 프랑스요리를 체계화하여 현재 프랑스요리의 기본이 되는 요리를 완성하였다. 그는 파리와 외국의 여러 특급호텔, 특히 런던에서 수석요리장을 지냈으며, 저서 『Le Guide Culinaire』에서 프랑스 고전요리를 원칙으로 하여 외국의 진귀한 요리들을 소개하였다. 이렇게 시대의 변화에 따라 요리의 역사도 끊임없이 변화해 왔으며, 앞으로도 변화할 것이다.

## 제2절 메뉴의 개념

### 1. 메뉴의 유래

메뉴(Menu)란, 라틴어의 Minutus에서 유래되었고, 이 말은 영어의 Minute에 해당되며, 그 의미는 '상세하게 기록한 것', '아주 작은 표'이다.

원래는 요리장에서 나오는 요리의 재료를 조리하는 방법까지를 먹는 사람에게 상세히 기록하여 소개하는 방법으로부터 생겨난 것이라고 하며, 요리장에서 식탁으로 나오게 된 것은 서기 1541년 프랑스의 헨리 8세 때 부랑위그 공작이 베푼 만찬회 때부터였다고 한다. 그 연회의 호스트였던 공작은 여러 가지 음식을 접대함으로써 생기는 복잡함과 순서가 틀리는 불편을 해소하기 위해, 요리명과 순서를 기입한 리스트(List)를 작성하여 그 리스트에 의해 음식물을 차례로 즐겼다고 한다. 또 연회에 참석한 손님들도 그 편리함을 깨닫고 요리표를 사용하게 됨에 따라 널리 전파되었으며, 그 후 19세기 초에 일반화된 것이고 크기, 소재, 명칭 등은 각 레스토랑의 창의적인 아이디어나 또는 연구가 가미되어 다양하다.

오늘날 세계적으로 메뉴를 프랑스어로 쓰고 있는 경향이 있는 것은 정식연회에서는 대부분의 나라가 프랑스요리로 거행하는 것이 일반적인 관례로 되어 있으며, 프랑스요리가 세계적인 요리로 명성을 떨치고 있기 때문이다.

### 2. 메뉴의 정의

'차림표' 또는 '식단'이라는 뜻으로 쓰이고 있는 메뉴는 「Webster's Dictionary」에 의하면, "A detailed list of the foods served at a meal"이라 설명되어 있고, 「The Oxford

Dictionary」에서는 "A detailed list of the dishes to be served at a banquet or meal"로 설명되어 있다. 즉 '식사로 제공되는 요리를 상세히 기록한 목록표'라 할 수 있다.

이는 '판매상품의 이름과 가격 그리고 상품을 구입하는 데 필요한 조건과 정보를 기록한 표'로서, 단순히 상품의 안내에만 그치는 것이 아니라 고객과 레스토랑을 연결하는 판매촉진의 매체로서 기업이윤과 직결되며, 레스토랑의 얼굴과 같은 중요한 역할을 하고 있다.

## 3. 메뉴의 종류

### 1) 시간에 의한 분류

식사가 제공되는 시간에 따른 분류로서 조식메뉴(Breakfast Menu), 브런치메뉴(Brunch Menu), 점심메뉴(Lunch Menu), 저녁메뉴(Dinner Menu), 서퍼메뉴(Supper Menu) 등으로 분류할 수 있다.

### 2) 내용에 의한 분류

#### (1) 정식메뉴(Table d'hote Menu)

정식메뉴는 최초의 관광객들이 숙박시설에서 식사를 제공받지 못하여 본인이 직접 식량을 가지고 다녔으나 빈번한 왕래로 인하여 크게 불편을 느끼게 됨에 따라, 숙박자의 편의도모와 숙박시설의 영업적인 면이 고려되어 숙박에 식사를 곁들여 제공하는 풀팡숑(Full Pension)에서 생겨났다고 볼 수 있다.

메뉴는 아침, 점심, 저녁, 연회 등을 막론하고 어느 때든지 사용할 수 있으며 미각, 영양, 분량의 균형을 참작한 한 끼분의 식사로 요금도 한 끼분으로 표시되어 있어 고객의 선택이 용이하다. 또 이 정식메뉴는 매일 변화를 주어 작성하여야 하나, 재료의 한계로 반복되는 경우도 많으므로 주기적으로 새로운 메뉴를 작성하여 고객의 기대와 호기심을 충족시켜 주어야만 한다.

오늘날 많이 이용하고 있는 메뉴의 구성을 살펴보면 점심메뉴는 3~4코스, 저녁메뉴는 4~5코스, 서퍼메뉴는 2~3코스, 연회메뉴는 5~6코스로 이루어진다. 일반적으로, 가장 표준적인 차림표라고 할 수 있는 연회(Banquet)에 나오는 요리의 순서는 다음과 같다.

① 전채(Hors d`oeuver : 오르되브르 : Appetizer)
② 수프(Potage : 포타주 : Soup)
③ 생선(Poisson : 프와송 : Fish)
④ 주요리와 야채(Entree et Salad : 앙트레 에 살라드 : Main dish & Salade)
⑤ 후식(Dessert : Dessert)
⑥ 식후음료(Demi tasse Boisson : 데비 타스 브와송 : Beverage)

정식의 요금은 일품요리의 요금보다 조금 저렴하게 결정되는 것이 일반적이지만, 연회나 파티의 경우에 오히려 더 고가로 제공되기도 한다.

① **5코스 메뉴**
전채(Appetizer) → 수프(Soup) → 주요리(Main Dish) → 후식(Dessert) → 커피 또는 차(Coffee or Tea)

② **7코스 메뉴**
전채(Appetizer) → 수프(Soup) → 생선(Fish) → 주요리(Main Dish) → 샐러드(Salade) → 후식(Dessert) → 커피 또는 차(Coffee or Tea)

③ **9코스 메뉴**
전채(Appetizer) → 수프(Soup) → 생선(Fish) → 셔벗(Sherbet) → 주요리(Main Dish) → 샐러드(Salade) → 치즈(Cheese) → 후식(Dessert) → 커피 또는 차(Coffee or Tea)

### (2) 일품요리 메뉴(A La Carte Menu)

일품요리의 메뉴를 가리켜 표준메뉴(standard menu)라고 할 정도로 레스토랑에서 제공되는 모든 요리의 품목은 가격과 함께 전부 표시해 놓는다. 이 메뉴의 구성은 정식메뉴의 순서와 같으며 각 코스별로 여러 가지 종류를 나열해 놓고 고객으로 하여금 기호에 맞는 음식을 선택하여 먹을 수 있도록 만들어진 메뉴이다. 이 메뉴는 한번 작성되면 장기간 사용하게 되므로 요리준비나 재료구입 업무 측면에서는 단순화되어 능률적이라 할 수 있으나, 원가상승에 의해 이익이 줄어들 수도 있고, 단골고객에게는 신선한 매력이나 맛을 느낄 수 없게 만들어 판매량이 줄어들 수 있으므로 고객의 호응도를 감안하여 새로운 메뉴계획을 꾸준히 시도해야만 한다.

식사의 순서에 따라 각 순서마다 몇 가지씩 요리품목을 명시하는 것으로 다음과 같은 종류로 구성된다.

① 냉전채(Cold appetizer – Hors d'oeuvre froid – 오르되브르 프르와)

② 수프 (Soup – Potage – 포타주)

③ 온전채(Warm appetizer – Hors d'oeuvre chaud – 오르되브르 쇼)

④ 생선(Fish – Poisson – 프와송)

⑤ 주요리(Main dish – Releve – 릴르베)

⑥ 더운 앙트레(Warm entree – Entree chaud – 앙트레 쇼)

⑦ 찬 앙트레(Cold entree – Entree froid – 앙트레 프르와)

⑧ 가금류 요리(Roast – Rotis – 로티)

⑨ 더운 야채요리(Boiled Vegetable – Legume – 레귐)

⑩ 야채(Salad – Salad – 살라드)

⑪ 더운 후식(Warm dessert – Entremets de douceur chaud – 앙트르메 드 두세르 쇼)

⑫ 찬 후식 및 아이스크림(Cold dessert & Ice cream – Entremets de douceur froid ou glacé – 앙트르메 드 두세르 프로와 우 글라세)

⑬ 생과일 및 조림과일(Fresh fruit or stewed fruit – Fruit ou Compote - 프뤼 우 콩포트)

⑭ 치즈(Cheese – Fromage – 프로마쥐)

⑮ 식후 음료(Beverage – Boisson – 브와송)

이상과 같은 코스에서 ⑤, ⑥, ⑦, ⑧의 네 가지 순서는 따로 분리하지 않고 일반적인 주요리 순서로 함께 명시하는 것이 보통이다.

### (3) 특별메뉴(Daily Special Menu; Carte Du Jour)

특별메뉴는 원칙적으로 매일 시장에서 특별한 재료를 구입하여 주방장이 최고의 기술을 발휘함으로써 고객의 식욕을 돋우는 메뉴이다. 이것은 기념일이나 명절과 같은 특별한 날이나 계절과 장소에 따라 그 감각에 어울리는 산뜻하고 입맛을 돋우는 메뉴이다.

특별메뉴를 사용함으로써 다음과 같은 식당 운영상의 장점을 가져올 수 있다.

① 매일매일 준비된 상품으로 신속한 서비스를 할 수 있다.

② 재고 식재료를 적절히 사용할 수 있어 원가절감에 기여할 수 있다.

③ 고객의 선택을 흥미롭게 할 수 있다.

④ 고객서비스 향상으로 매출액을 증진시킬 수 있다.

### (4) 기타 메뉴의 종류

사용목적이나 시기에 따라 다음과 같은 것을 들 수 있다.

① All-year-round menu(대부분의 일품요리 메뉴로서 한번 작성하면 연중 내내 사용)

② Seasonal menu(한 계절에 맞게 작성된 메뉴)

③ Menu of the day(그날의 메뉴로서 그날의 특별요리를 메뉴에 제시)

④ Supper menu(가벼운 음식으로 2~3코스로 구성)

⑤ Banquet menu(왼편에는 포도주, 오른편에는 식사코스)

⑥ Breakfast menu(조식으로 3~4코스로 구성)

⑦ The Ball menu(춤 파티가 있을 때 사용하는 메뉴)

⑧ Buffet menu(뷔페의 메뉴)

⑨ Health food menu(건강식품의 요리로 구성)

⑩ Light menu(일반적으로 육류, 가금류는 제외)

⑪ Vegetarian menu(채식 메뉴)

# 제3절 메뉴의 구성

## 1. 전채요리(Appetizer; Hors d`oeuvre)

### 1) 전채요리의 정의

전채요리는 식사순서에서 제일 먼저 제공되는 요리로서 프랑스로는 'Hors d`oeuvre'라고 한다. 'Hors'(전에, ~외에)와 'Oeuvre'(작업, 식사)의 합성어이다. 영어로는 애피타이저(appetizer)라고 한다. 이 요리는 본 요리를 더욱 맛있게 먹을 수 있도록 식욕을 돋우어 주기 위한 목적으로 제공되는 요리이기 때문에 모양이 좋고 맛이 있어야 하며, 한 입에 먹을 수 있는 소량이어야 한다. 특히 자극적인 짠맛이나 신맛이 있어 위액의 분비를 왕성하게 해야 하고 계절감과 지방색을 갖추어야 한다.

### 2) 전채요리의 종류

애피타이저는 크게 냉전채(cold appetizer, 칵테일류, 삶은 달걀, 캐비어, 거위간, 훈제 연어, 생굴 등)와 온전채(hot appetizer, 바게트, 에스카루고 등)로 구분할 수 있다. 또 가공하지 않고 재료 그대로 만들어 형태와 모양과 맛이 그대로 유지되는 생전채(plain appetizer, 올리브, 시리얼, 생굴 등)와 조리사가 가공하여 모양이나 형태가 바뀐 가공된 전채(dressed appetizer, 카나페, 고기완자, 게살요리 등)로도 나눌 수 있다.

### 3) 대표적인 전채요리

#### (1) 캐비어(Caviar)

캐비어는 철갑상어의 알로서 진줏빛의 회색부터 연한 갈색까지 색깔이 구분되어 다양하다. 살아 있는 철갑상어의 난소를 꺼내어 알을 하나하나 분리하여 5~8%의 소금을 첨가한 것이 캐비어이다. 어란 특유의 감칠맛과 입 속에 넣어서 씹을 때 톡톡 터지는 식감이 아주 독특하며, 거위간(foie gra)과 땅 위의 흑진주라고 하는 트러플버섯(truffle)과 함께 세계 3대 진미의 하나로 손꼽힌다. 알의 크기에 따라 굵은 알을 베루카(beluge), 중간 굵기의 오쇼도(ossetra), 작은 알을 세부루카(sevruga) 등 세 종류로 분류된다. 그 중에서도 베루카가 최고급품이다. 버터를 바른 검은 빵과 함께 레몬즙으로 먹는 것이 일반적이다.

#### (2) 푸아그라(Foie gras)

거위간을 술, 향신료 등을 혼합한 병 속에 넣어 절인 다음 형틀에 넣어 오븐에서 열을 가하여 익힌다. 푸아그라는 프랑스가 세계에 자랑하는 진미의 하나로서 스트라부르, 툴루즈, 카스고뉴, 페리골 등이 명산지이다. 도살하기 2주 전부터 옥수수를 무리하게 먹여서 하루 종일 잠을 자도록 어두운 곳에 가두어둔다. 이렇게 하면 거위간은 축구공처럼 커진다.

#### (3) 트러플(Truffle)

프랑스와 이탈리아를 비롯하여 여러 국가에서 채취되는 트러플의 종류는 약 30여 종에 달하지만, 프랑스 남부 페리골 지방에서 산출되는 검은 프러플은 '진실의', '고귀한'이라고 하는 형용사가 쓰일 정도로, 방향과 형태, 그리고 품질도 최상급인 것으로 평가된다. 대부분 수퇘지의 목에 줄을 묶어 트러플을 수확하며, 채집된 트러플은 날것 그대로 상미하는 것이 최고지만 3~4일에서 선도가 떨어지므로 통조림에 넣어 장기 보존해 감당할 수 있도록 한다.

## 2. 수프(Soup; Potage)

포타주(potage)라고 하는 말에는 여러 가지의 의미가 포함되지만 현재에는 부용(bouillon)이 토대가 되고 여기에 야채와 육류, 생선 등을 여러 가지 형태로 첨가한 것을 가리킨다. 프랑스에서는 걸쭉한 것(포타주 리에, potage liés)도 맑은 것(포타주 클레어; potage clairs)도 모두 포타주라고 하는 말로 표현된다. 즉 수프는 일반적으로 육류, 생선, 닭 등의 고기나 뼈를 야채와 향료를 섞어서 장시간 동안 끓여낸 국물, 즉 스톡(stock)에 각종 재료를 가미하여 만든다.

### 1) 수프의 종류

수프는 온도에 따라 더운 수프(hot soup; potage chaud)와 찬 수프(cold soup ; potage froid)로 나누며, 농도에 따라 맑은 수프(clear soup; potage claire)와 진한 수프(thick soup; potage lié)로 나눈다.

#### (1) 맑은 수프(Clear Soup; Potage Claire)

정식으로 포타주 클레어(potage claire)라고 말하지만, 콩소메(consommé)라고 일컫고 있다.

① **콩소메**(Consommé)

콩소메는 부용(bouillon)을 졸인 것이 아니라 맑게 한 것이다. 부용이 맑고 풍미를 잃지 않도록 하기 위해 지방분을 제거한 고기를 잘게 썰거나 기계에 갈아서 사용하며, 양파, 당근, 백리향, 파슬리 등과 함께 서서히 끓이면서 달걀흰자를 넣어 빠른 속도로 젓는다. 이때 주의해야 할 점은 부용을 아주 펄펄 끓이는 것이 아니라 천천히 끓여야 한다. 이렇게 1~2시간 끓인 후 화이트 와인이나 셰리와인을 첨가하여 완성한 후 천을 대고 걸러 내어 이중용기에 넣어 식지 않게 한다.

② 부용(Bouillon)

부용(bouillon)은 화이트스톡(white stock)을 기본으로 하여, 뼈 대신 고깃덩어리를 크게 잘라 넣고 고아낸 국물인데, 위에 뜬 기름은 천을 대어 제거한다. 부용을 보관할 때에는 용기(보통 스테인리스 용기)에 담아 찬 곳에 두어야 하며, 뚜껑을 덮거나 식은 국물에 뜨거운 국물을 섞어 보관하면 변질될 수 있다.

### (2) 진한 수프(Thick Soup; Potage Lié)

리에종(liaison)을 사용하여 탁하고 농도가 진하게 만든 수프이다.

① 퓌레(purées) : 야채를 잘게 분쇄한 것을 퓌레라 하며 감자, 당근 등의 야채를 부용과 함께 끓여서 부드러워지면 부용 속의 건더기와 함께 체에 거른 것으로 생크림 또는 우유를 첨가한다.

② 크림(crèmes) : 퓌레는 야채를 체에 거른 것으로 농도가 있지만 크림 스타일의 포타주는 소맥분 등으로 걸쭉함을 곁들이고, 마지막에 생크림과 달걀노른자를 넣는다.

## 3. 생선요리(Fish; Poisson)

생선은 육류보다 섬유질이 연하고 맛이 담백하며 열량이 적다. 또 소화가 잘되고, 단백질, 지방, 칼슘, 비타민(A, B, C) 등이 풍부하여 건강식으로 육류에 비해 선호도가 높아지는 추세이다. 그러나 부패하기 쉬운 결점이 있어 신선도를 유지하는 데 유의하여야 한다. 따라서 생선은 영양이 풍부한 계절의 생선, 즉 제철의 생선을 선택하는 것이 중요하며, 선도가 좋은 것을 고른다. 일반적으로 생선요리는 바다생선(sea fish), 민물고기(fresh water fish), 조개류(shell fish), 갑각류(crustacean), 연체류(mollusca), 식용개구리, 달팽이 등을 들 수 있다.

## 4. 육류요리(Meat; Viande)

육류는 칼로리가 높고 특히 단백질, 탄수화물, 지방, 무기질, 비타민 등이 풍부하여 주요리로서 가장 선호되는 품목이라 하겠다. 육류에는 소(beef), 송아지(veal), 돼지(pork),

양고기(lamb)가 주로 사용되고 그 외에 가금류(poultry) 등이 있다.

## 1) 쇠고기(Beef; Boeuf)

### (1) 쇠고기의 분류

식육으로 사용할 수 있는 소로는 새끼를 낳지 않은 암소나 거세한 수소가 좋다. 또 사용목적에 따라 소의 연령에는 차이가 있으나, 스테이크용으로는 2~3세의 어린 것이 좋으며, 육가공용으로는 5~7세의 늙은 소가 좋다. 좋은 쇠고기는 밝은 선홍색이어야 하며, 고기는 단단하고 미세한 고깃결과 대리석같이 매끄러워야 한다.

### (2) 쇠고기의 부분별 명칭

| | | | | |
|---|---|---|---|---|
| ① Head | ② Neck | ③ Chuck | ④ Ribs | ⑤ Porterhouse |
| ⑥ Sirloin | ⑦ Tenderloin | ⑧ Rump | ⑨ Aitchbone | ⑩ Round |
| ⑪ Shank | ⑫ Shin | ⑬ Flank | ⑭ Short Plate | ⑮ Brisk |

[그림 9-1] 쇠고기의 부위별 명칭

쇠고기는 부위별로 큰 덩어리로 분리할 수 있으며, 부위에 의해 감칠맛과 질이 다르다. 나라마다 분리하는 방법도 다르고 부위의 명칭도 가지각색이다.

① **안심 스테이크**(Tenderloin) : 안심은 쇠고기 중에서 가장 연한 부분으로 그 부위는 다음과 같다. 안심의 분류는 미국과 프랑스의 분류방법이 대표적이다. 등뼈의 내측 겨드랑이에 따라 허리부터 점차로 가늘게 되는 나무토막 모양의 상태로 한 마리의 소에서 2개가 나오며 우육 중에서 최상으로 분류된다.

미국식 안심 분류법

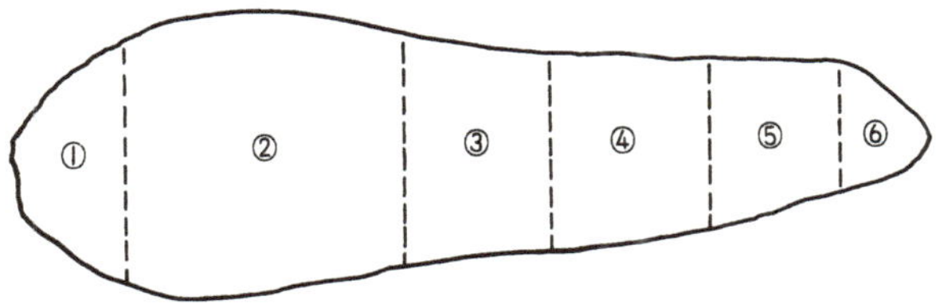


① Head　② Chateaubriand　③ Filet
④ Tournedos　⑤ Filet Mignon　⑥ Filet Tip

프랑스식 안심 분류법

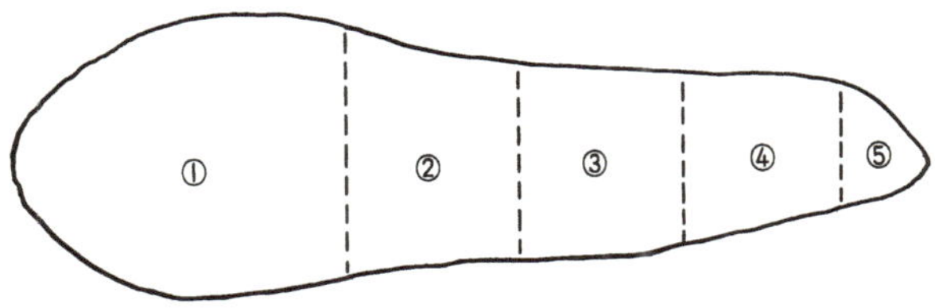


① Chateaubriand　② Filet　③ Tournedos
④ Filet Mignon　⑤ Filet Goulash

**[그림 9-2] 안심 부위의 명칭**

ⓐ **샤토브리앙**(Chateaubriand) : 프랑스혁명 전 19세기 귀족인 '샤토브리앙'이 즐겨 먹었던 것으로, 그의 주방장 몽미레이유(Monrmireil)에 의해 고안된 것이라 한다. 소의 등뼈 양쪽 밑에 붙어 있는 연한 안심 부위를 두껍게(4~5cm) 잘라서 굽는 최고급 스테이크이다.

ⓑ **투르네도**(Tournedos) : 이 요리는 1855년 파리에서 처음으로 시작되었던 것으로 Tournedos란 '눈 깜박할 사이에 다 된다'는 의미로 안심 부위의 중간 두쪽 부분의 스테이크이다.

ⓒ **필렛 미뇽**(Filet Mignon) : 이것은 '아주 예쁜 소형의 안심 스테이크'라는 의미로, 안심 부위의 뒷부분으로 만든 스테이크이다.

② **등심 스테이크**(Sirloin Steak) : 등뼈의 외측에 어깨부터 허리까지 붙어 있는 등

부분의 고기로서 보통 로스라고 말한다. 로스를 영어로 로인이라고 일컬으며, 영국인이 좋아하는 최고급 스테이크이다. 영국의 왕이었던 '찰스 2세'는 이 등심 스테이크를 매우 좋아하여 스테이크에 남작의 작위를 수여했다고 한다. 그 후 'loin'에 'Sir'을 붙여서 'Sirloin'이라고 하였다.

③ **포터 하우스 스테이크**(Porter House Steak) : 이 스테이크는 안심과 뼈를 함께 자른 크기가 큰 스테이크이다.

④ **티본 스테이크**(T-bone Steak) : 포터 하우스 스테이크(porter house steak)를 잘라낸 다음 그 앞부분을 자른 것으로, 포터 하우스 스테이크보다 안심부분이 작고 뼈를 T자 모양으로 자른 것이다.

⑤ **립 스테이크**(Rib Steak) : 갈비 등심 스테이크로 립아이 스테이크(rib eye steak), 립 로스트(rib roast) 등이 있다. 립 로스트는 총 13개의 갈비 중 여섯 번째부터 열두 번째 갈비까지 7개의 갈비로 이루어진다.

⑥ **라운드 스테이크**(Round Steak) : 소 허벅지에서 추출한 스테이크를 말한다.

⑦ **럼프 스테이크**(Rump Steak) : 소 궁둥이에서 추출한 스테이크이다.

⑧ **프랭크 스테이크**(Flank Steak) : 소 배 부위에서 추출한 스테이크이다.

### (3) Steak 굽는 정도

① Rare : 조리시간은 약 2~3분 정도, 고기 내부의 온도는 52℃ 정도이고, 스테이크 속이 따뜻할 정도로 겉 부분만 살짝 익혀 자르면 속에서 피가 흐르도록 굽는다.

② Medium Rare : 조리시간은 약 3~4분 정도, 고기 내부의 온도는 55℃ 정도이고, Rare보다는 좀 더 익히며 Medium보다는 좀 덜 익힌 것으로, 역시 자르면 피가 보이도록 하여야 한다.

③ Medium : 조리시간은 약 5~6분 정도, 고기 내부의 온도는 60℃ 정도이고, Rare와 Well-done의 절반 정도를 익히는 것이며, 자르면 붉은색이 되어야 한다.

④ Medium Well-done : 조리시간은 약 8~9분 정도이고, 고기 내부의 온도는 65℃ 정도로 거의 익히는데, 자르면 가운데 부분에만 약간 붉은색이 돌아야 한다.

⑤ Well-done : 조리시간은 약 10~12분 정도, 고기 내부의 온도는 70℃ 정도로 속까지 완전히 익히는 것이다.

### 2) 송아지고기(Veal; Veau)

송아지고기는 생후 6주에서부터 3개월 미만의 송아지고기를 말한다. 일반적으로 처음부터 식육용으로 사용되는 송아지는 풀은 전혀 먹지 않고 어미젖(우유)으로 사육하며, 조직이 매우 부드럽고 밝은 회색의 핑크빛을 띤다. 지방이 부드럽고 맛이 담백하여 젤라틴질이 많으므로 입에 닿는 맛이 아주 별미이다.

### 3) 돼지고기(Pork; Porc)

돼지고기는 영국산이 가장 많이 알려져 있으며, 현재 한국에서 가장 많이 사육하고 있는 품종은 요크셔(yorkshire), 버크셔(berkshire) 등이 있다. 돼지는 소와 같이 상세하게 분리하는 것이 아니고 안심, 등심, 볼깃살, 어깨살, 삼겹살로 크게 분류된다. 비교적 부드러운 반면 소화도 좋고 다른 육류에 비해 지방을 다량 함유하고 있다.

### 4) 양고기(Lamb; Agneau)

생후 1년 미만의 어린 양을 영어로 램(lamb), 프랑스어로는 아뇨(agneau)라고 부르고 1년 반 이상 성장한 양을 영어로 머튼(mutton), 프랑스어로는 무통(mouton)이라고 부른다. 육고기 부위를 분리하는 방법은 쇠고기에 준하고 있다. 색이 선명하고 색깔이 아주 맑은 것은 부드럽게 감칠맛이 난다. 뜨거울 때 먹는 것이 좋다.

### 5) 가금류(Poultry; Volaille)

가금이란 닭, 오리, 칠면조, 비둘기, 거위 등 집에서 사육하는 날짐승을 말한다. 가금류는 크게 흰색 고기(white meat)를 가진 가금과 검은색 고기(black meat)를 가진 가금으로 분류할 수 있다. 일반적으로, 흰색 고기는 앞가슴살(breast), 검은색 고기는 다리부분의 고기를 의미한다.

## 5. 샐러드(Salad; Salade)

### 1) 샐러드

샐러드는 이탈리아어를 그 어원으로 한 프랑스어 살라다(salade)로부터 유래되었다. 중세 이탈리아어로 보이는 salata(소금을 치다)라고 하는 형태이며, 라틴어의 sãl(소금)에서 파생하였다. 즉 라틴어의 'Herba Salate'로서 그 뜻은 소금을 뿌린 Herb(향초)이다. 즉 샐러드란 신선한 야채나 향초 등을 소금만으로 간을 맞추어 먹었던 것에서 유래한다. 이것이 발전하여 다양한 드레싱과 기름과 식초 등을 첨가하여 먹게 되었고, 야채도 여러 가지를 혼합하여 사용하게 되었다.

샐러드는 Herbs(향초), Plants(씨앗에서 싹이 튼 모종), Vegetable(잎채소, 뿌리채소, 열매채소), 달걀, 고기, 해산물 등에 기름과 식초, 마요네즈(mayonnaise)를 이용하여 만든 각종 드레싱(dressing)과 혼합하거나 곁들여 제공된다.

샐러드는 지방분이 많은 주요리(main dish)의 소화를 돕고, 비타민 A, C 등 필수 비타민과 미네랄이 함유되어 있어 건강의 균형을 유지하는 데 좋은 역할을 한다.

### 2) 드레싱(Dressing)

드레싱은 샐러드에 드레싱을 뿌렸을 때 흘러내리는 모양이 여성이 옷을 입을 때에 흘러내리는 모양과 흡사하다는 데서 유래되어 '옷치장', '마무리'라는 뜻이 있다. 드레싱은 샐러드의 맛을 조절하고 풍미와 향미를 증진시키는 것으로 다양한 종류가 있다. 드레싱의 가장 중요한 목적은 샐러드의 맛을 증가시키고 소화를 도와주는 것으로 반드시 샐러드와 조화가 이루어져야 하므로 샐러드 드레싱이라고도 한다. 유럽에서는 드레싱이라는 말을 사용하지 않고 소스라고도 한다. 소스의 일종인 드레싱은 재료를 끓이지 않고 혼합하여 만드는 것이므로 종류는 많지만 기본은 두 가지로 나눌 수 있다. 식초와 식용유를 주로 사용한 프렌치 드레싱과 달걀노른자, 식용유, 식초 등으로 만든 마요네즈 드레싱이다.

## 6. 후식(Dessert)

디저트는 원래 프랑스어 디저비흐(desservir)에서 유래된 용어로 '치운다', '정리한다'는 뜻이다. 따라서 디저트는 테이블을 일단 깨끗이 한 다음에 제공된다. 후식은 식사의 마지막을 장식하는 감미요리로서 시각적으로 구미가 당기게 화려한 모양으로 만들어지며, 지나치게 달거나 기름지지 않고 산뜻한 맛을 주는 것이 특성이다. 즉 디저트는 일반적으로 식사 후에 제공되는 요리를 뜻하는데, 디저트는 단맛, 풍미, 과일의 3요소가 모두 포함되어야 한다. 식사의 마지막에 단것을 먹는 습관은 최근의 일이다. 14세기경 파리의 만찬회 식단을 보면 프루먼티라는 달콤한 죽 같은 것이 있었을 뿐이고, 오늘날과 같이 후식이 다양하지 않았다. 기원전 5세기경 인도에서는 설탕이 이미 널리 사용되고 있었으나 그 외의 다른 나라에서는 아주 진기한 것이었고 값이 비쌌다.

후식은 찬 후식(cold dessert), 더운 후식(hot dessert) 및 얼음과자(ice dessert) 등으로 분류된다.

## 7. 커피(Coffee)

음료는 식후의 최종단계에서 마시는 것으로 브랜디를 비롯한 다양한 리큐르가 있고, 비알코올 음료로 가장 보편화되어 있는 기호음료로 커피를 많이 마신다.

### 1) 커피 메뉴

#### (1) 카페오레(Cafe au lait)

프랑스식 모닝커피로, 카페오레는 커피와 우유라는 의미이다. 영국에서는 밀크커피, 독일에서는 미히르 카페, 그리고 이탈리아에서는 카페라테로 불린다. 여름에는 차게, 겨울에는 뜨겁게 해서 마실 수도 있다.

#### (2) 카페 카푸치노(Cafe Cappuccino)

이탈리아 타입의 짙은 커피로, 아침 한때 우유와 커피에 시나몬(계피) 향을 더하여 마시면 더욱 풍미를 느낄 수 있다. '카푸치노'라는 말은 회교 종파의 하나인 카푸치노 교도들이 머리에 두르는 터번과 모양이 비슷해서 이름 지어졌다. 기호에 따라 레몬이나 오렌지 등의 껍질을 갈아 섞으면 한층 더 여러 향이 어우러진 맛을 낼 수 있는 '신사의 커피'이다.

#### (3) 카페 로얄(Cafe Royal)

푸른 불빛을 연출해 내는 '커피의 황제'인 카페 로얄은 프랑스의 황제 나폴레옹이 좋아했다는 환상적인 분위기의 커피이다.

### (4) 커피 플로트(Coffee Float)

크림 커피로, 일명 카페 그라세, 카페 제라트로도 불리며, 아이스크림이 들어 있는 커피이다.

### (5) 더치 커피(Dutch Coffee)

물을 사용하여 3시간 이상 추출한 독특하고 향기 높은 커피이다. 네덜란드풍의 커피인데 열대지방의 원주민 사이에서도 이 풍습이 보인다.

### (6) 아이리시 커피(Irish Coffee)

아이리시 커피의 고향은 아일랜드의 더블린인데, 아일랜드 사람들이 점차 미국의 샌프란시스코에 이주하여 이 커피에 아일랜드 위스키를 넣어 마시자 차츰 유명해져서 '샌프란시스코 커피'라고도 불리게 되었다. 샴록(아일랜드 국화)색의 야다이(포장마차)가 노을이 질 무렵 역이나 선착장에 서게 되면, 바다 사나이들이 민요를 흥얼거리며 이 커피를 마시고 간다 하여 일명 '게릭커피'라고도 알려져 있다.

### (7) 비엔나 커피(Vienna Coffee)

음악의 도시 오스트리아의 비엔나에서 유래되었다는 커피로, 다음과 같은 이야기가 전해져 오고 있다. 300년 전쯤 오스트리아의 수도 비엔나는 침공해 온 터키군에게 포위되어 이슬람교도와 기독교도와의 싸움이 격화되어 갔다. 그때 폴란드 태생의 콜스치즈키(Kolschitzky)라는 사람이 있었다. 그는 처음에는 터키군의 통역사로 활약하고 있었으나, 나중에는 오스트리아(연합군 측)의 사자(使者)가 된 인물이었다. 1683년 전쟁은 연합군의 승리로 돌아가 터키군은 다수의 병기와 군수물자를 남기고 패주했는데, 바로 그 전리품 속에 대량의 커피콩이 있었다. 이 커피콩의 이용법은 공교롭게도 단 한 사람, 터키군에서 일한 적이 있는 콜스치즈키만이 알고 있었다. 그는 비엔나 사람들에게 커피 만드는 법을 가르쳐 주는 동시에 직접 비엔나 커피하우스를 열어 터키 커피를 제공했다고 한다.

### (8) 카페 알렉산더(Cafe Alexander)

아이스커피와 브랜디, 카카오의 향이 한데 어우러진 가장 전통적인 분위기의 커피로서, 주로 남성들이 즐기는 메뉴이다.

### (9) 트로피칼 커피(Tropical Coffee)

남국의 정열적인 무드가 살아 있는 커피로 화이트 럼을 사용한다.

### (10) 카페 칼루아(Cafe Kahlua)

'칼루아'란 멕시코산의 테킬라의 일종으로, 테킬라의 향기와 커피의 맛이 어우러진 독특한 메뉴이다.

# 참고문헌

1) 고상동 외, 호텔 · 레스토랑 식음료경영실무, 백산출판사, 2001.
2) 한국관광공사 경주교육원, 주장업무론, 1994.
3) 김용순 · 이관표 · 정현영, 호텔레스토랑 식음료경영, 백산출판사, 2002.
4) 롯데호텔, 식음료서비스 매뉴얼, 1988, 2003.
5) 박영배, 호텔외식산업 음료주장관리, 백산출판사, 2001.
6) 신재영 · 박기용 · 정청송, 호텔레스토랑 식음료서비스관리론, 대왕사, 2001.
7) 박성부 · 이정실, 호텔식음료관리론, 기문사, 2000.
8) 박인규 · 장상태, 호텔식음료 실무경영론, 기문사, 2000.
9) 신형섭, 호텔식음료서비스실무론, 기문사, 1999.
10) 임주환 · 남영택, 음료해설, 백산출판사, 1997.
11) 이정학, 호텔식음료실무론, 기문사, 1998.
12) 유철형, 호텔식음료경영과 실무, 백산출판사, 1998.
13) 임경인, 식당경영원론, 대왕사, 1999.
14) Stefanelli, J. M., The Sale & Purchase of Restaurants, John Wiley & Sons, Inc., 1990.
15) Ninemeier, J. D., Food & Management of Food & Management Operations, American Hotel & Lodging Educational Institute, 2010.
16) Powers, T., & Barrows, C. W., Introduction to the Hospitality Industry, John Wiley & Sons, Inc., 2002.

CHAPTER 10

# 커피숍 · 뷔페 레스토랑 · 룸서비스 · 커피

# 10 커피숍 · 뷔페 레스토랑 · 룸서비스 · 커피

## 제1절 커피숍(Coffee Shop)

### 1. 커피숍의 특성

커피숍은 호텔 레스토랑 중 가장 기본적인 영업장으로 그 기능이 다양하다. 아침식사, 점심식사 그리고 저녁식사를 제공하는 경양식 레스토랑 기능과 식간에는 커피를 포함한 각종 음료수와 간단한 스낵류, 그리고 디저트류가 준비되어 있어 좋은 만남의 장소로서 티룸(tea room)의 기능을 복합적으로 지니고 있다. 호텔 내에 이탈리안 레스토랑이나 한식당이 따로 없을 경우 커피숍에서 그 기능을 대신한다. 영업시간 중 쉬는 시간 없이 이른 아침부터 밤늦게까지 영업하며 24시간 계속하는 곳도 있다.

### 2. 아침식사(Breakfast)

#### 1) 아침식사 세트 메뉴

영어 'Breakfast'는 깨다(break)와 단식(fast)이란 말이 합쳐져 긴 밤 동안의 공복(단식)을 깬다는 뜻이다. 아침식사는 하루 일과 중 가장 먼저 시작하는 일로 아침식사 중의 기분이 하루 종일 갈 수 있으므로 중요하다. 보통 사람들은 아침 일찍 관광이나 사업상 일을 하기 전에 충분한 시간적 여유 없이 레스토랑에 오기 때문에 서둘기 마련이다. 그러므로 아침식사 서비스에서는 신속, 정확, 친절의 세 가지 요소가 필수적이다. 전날 저녁식사부터 10~12시간 공복상태이기 때문에 위에 부담을 주지 않는 부드러운 음식이 바람직하고, 열량 면에서는 하루를 시작하는 식사인 만큼 고열량의 요리가 좋다.

호텔에 따라 커피숍에서 일식 아침식사나 한식 아침식사를 제공하는 곳도 있다.

### (1) 미국식 아침식사(American Breakfast)

주스, 빵, 달걀요리 그리고 커피나 홍차로 구성된다. 달걀요리에는 햄, 베이컨, 소시지 중에 한 가지와 감자튀김이 곁들여진다. 영국식 아침식사(english breakfast)는 여기에 생선구이가 추가된다.

① A Choice of Juices

② Bread with Jam and Butter

③ Cereal

④ Two Eggs any Style With Ham, Bacon or Sausage

⑤ Dessert(three kinds of fruit)

⑥ Coffee or Tea

### (2) 콘티넨털 아침식사(Continental Breakfast)

섬나라 영국식 조식과 구별하기 위해 대륙식 조식이라고도 하며 주스, 빵, 커피나 홍차로 구성되는 간단한 아침식사이다.

① A Choice of Juices

② Bread with Jam and Butter

③ Dessert(three kinds of fruit)

④ Coffee or Tea

### (3) 건강식 아침식사(Healthy Breakfast)

사람들의 건강에 대한 욕구가 높아짐에 따라 영양식 대신 건강식으로 특별히 만든 메뉴이다. 비만증과 각종 성인병을 염려하는 고객을 위해 각종 미네랄과 비타민이 풍부하고 고단백 저지방인 식품으로 구성한 것으로 생과일주스, 플레인 요구르트와 과일, 빵, 커피로 구성된다.

① Freshly Squeezed Juice

② Plain Yogurt

③ Fresh Fruit Platter

④ Bread with Jam and Butter

⑤ Dessert(three kinds of fruit)

⑥ Coffee or Tea

#### (4) 특별 아침식사 세트

든든한 아침식사를 원하는 고객을 위해 특별히 만든 메뉴로서 생과일주스, 바나나를 곁들인 콘플레이크, 빵과 달걀요리, 설탕에 절인 과일, 그리고 커피로 구성된다.

① Freshly Squeezed Juice

② Cornflakes With Banana(or Kiwi)

③ Basket of Rolls and Toast

④ Two Eggs any Style With Ham, Bacon or Sausage

⑤ Fruit Cocktail

⑥ Coffee or Tea

### 2) 주스

#### (1) 신선한 생주스(Freshly Squeezed Juice)

① Freshly Squeezed Orange Juice

② Freshly Squeezed Grapefruit Juice

③ Freshly Squeezed Apple Juice

④ Freshly Squeezed Carrot Juice

#### (2) 캔주스(Canned Juice)

① Orange Juice

② Grapefruit Juice

③ Tomato Juice

④ Pineapple Juice

⑤ Apple Juice

⑥ Grape Juice

⑦ Vegetable Juice

## 3) 달걀요리

### (1) Fried Egg

① Sunny Side Up : 달걀을 한 면만 익힌 후 위쪽 노른자는 익히지 않고 흰자만 익힌 요리

② Turned Over

ⓐ Over Easy(Light) : 달걀의 양면을 굽되 흰자만 약간 익힌 것

ⓑ Over Medium : 흰자는 완전히 익고 노른자는 약간 익힌 것

ⓒ Over Hard(Well done) : 흰자와 노른자를 모두 익힌 것

### (2) Scrambled Egg

달걀 두 개에 한 스푼 정도의 우유 또는 생크림을 넣고 잘 휘저은 다음 프라이팬에 기름을 넣고 가열한다. 달걀을 넣고 빨리 휘저어야 한다. 치즈, 감자, 버섯, 새우 등을 넣어 만들기도 한다.

### (3) Boiled Egg

물이 끓는 온도보다 조금 낮은 온도(93℃)에서 달걀을 깨지 않고 삶은 달걀요리, 달걀을 세우기 위한 에그 스탠드(egg stand)와 달걀 속을 떠먹기 위한 티스푼(tea spoon)이 필요하다.

① Soft Boiled Egg(연숙) : 3~4분

② Medium Boiled Egg(반숙) : 5~6분

③ Hard Boiled Egg(완숙) : 10~12분

### (4) Poached Egg

소량의 소금과 식초를 넣어 약하게 끓는 물(93℃)에 달걀껍질을 제거하고 삶은 달걀요리

① Soft Poached Egg(연숙) : 3~4분

② Medium Poached Egg(반숙) : 5~6분

③ Hard Poached Egg(완숙) : 8~9분

#### (5) Omelet

보기 좋은 크기와 형태를 만들기 위해 달걀 3개를 사용하여 만든다. 첨가물 없이 달걀만 말아서 만든 것을 Plain Omelet이라고 하고, Ham, Cheese, Bacon, Mushroom, Onion 등을 속에 넣어서 만들기도 하며, Plain Omelet에 Ham이나 Bacon, Sausage를 곁들이는 형태도 있다.

### 4) 곡물류(Cereal)

양이 작은 가벼운 식사지만 미네랄이 풍부하다.

#### (1) Hot Cereals

보통 뜨거운 우유를 같이 제공하고 슬라이스한 과일을 곁들이기도 한다.

① Oatmeal

② Cream of Wheat

③ Cream Beef

#### (2) Cold Cereals

보통 찬 우유를 같이 제공하고 슬라이스한 과일을 곁들이기도 한다.

① Granola(그래놀라)

② Raisin Bran(건포도와 밀기울을 섞은 것)

③ Rice Crispies(쌀을 바삭바삭하게 튀긴 것)

④ Shredded Wheat(밀을 조각낸 것)

### 5) 과일(Fruit)

#### (1) 신선한 과일(Fresh Fruit)

① Half Grapefruit(자몽을 반으로 잘라 속을 스푼으로 떠먹기 좋게 칼로 손질한 후 얼음을 넣어 차게 한 용기에 제공)

② Fresh Fruit in Season(딸기, 수박, 포도, 감, 사과, 배, 오렌지, 밀감, 참외, 복숭아 등 과일을 계절에 따라 제공)

#### (2) 설탕에 절인 과일(Stewed Fruit)

① Stewed Prune(서양자두)

② Figs(무화과)

③ Peach(복숭아)

④ Pineapple(파인애플)

#### (3) 과일은 점심 · 저녁 식사에서와 달리 보통 식사의 처음에 서브

### 6) 음료

#### (1) 커피

식사주문 전에 먼저 제공하며, 식사 도중에도 더 원하는지 물어보고 제공한다.

#### (2) 홍차

작은 접시에 Tea Bag 2개와 레몬 두 조각을 Sword Pick에 끼워서 제공한다. 영국 사람들은 레몬 대신 우유를 넣어 마신다. 뜨거운 물은 Pot에 따로 제공한다.

#### (3) Hot Chocolate

뜨거운 우유에 초콜릿 가루를 풀어 제공한다.

#### (4) 인삼차(Ginseng Tea)

뜨거운 물이 든 Pot와 작은 접시에 인삼차 2봉과 꿀 2개를 담아 따로 제공한다.

# 제2절 뷔페 레스토랑(Buffet Restaurant)

## 1. 뷔페 레스토랑의 유래

뷔페식당은 진열해 놓은 요리를 균일한 요금을 지불하고 고객이 자기 양껏 뜻대로 먹을 수 있는 셀프서비스 식당이다.

일명 스모가스보드(Smorgasbord)라고도 하는데, 이것은 북유럽풍의 요리를 가리키는 말로서 Smor는 버터를 뜻하고, Gas는 영어의 Goose라는 말로 거위를 뜻하며, Bord는 영어의 Board로 식탁을 의미한다. 즉 육류를 비롯한 여러 가지 음식을 진열해 놓고 먹고 싶은대로 마음대로 먹을 수 있는 향연을 베푼다는 의미이다.

한편, 일본에서는 바이킹 레스토랑(Viking Restaurant)이라고 하는데, 이것은 일본에서만 쓰는 독특한 명칭이다. 바이킹이란 12C경 북유럽의 노르웨이를 중심으로 활동했던 해적을 말하는데, 이 말은 식사와는 아무런 관계가 없으나 이 뷔페를 최초로 시작한 곳이 제국호텔의 바이킹 레스토랑이었기 때문에 그 레스토랑의 이름을 따서 부르게 되었다는 설과, 바이킹의 식사가 대 식사였으며 그들이 상륙하면 큰 연회를 베풀어 여러 가지 요리를 즐겼다고 하는데, 이러한 바이킹의 식사에서 유래되었다는 설이 있다.

## 2. 뷔페 레스토랑의 특징

① 기호에 맞는 음식을 양껏 먹을 수 있다.
② 많은 종류의 요리가 제공되므로 다양한 요리를 즐길 수 있다.
③ 신속한 식사를 할 수 있다.
④ 가격이 비교적 저렴하다.
⑤ 고객의 불평이 적다.
⑥ 소수의 종사원으로 많은 손님을 맞이할 수 있어 인건비가 적게 든다.

### 3. 뷔페 레스토랑의 서비스

① 셀프서비스 활동에 지장이 없도록 충분한 공간과 통로가 확보되어야 한다.
② 셀프서비스에 불편을 느끼는 고객에게는 종사원이 도움을 준다.
③ 모든 요리는 간편하게 먹을 수 있도록 잘려 있거나 부분화되어 있어야 한다.
④ 수프와 커피는 종사원이 제공한다.
⑤ 부족한 음식은 수시로 보충한다.
⑥ 모든 서비스용 빈 접시는 뷔페 테이블이 시작되는 부분의 가장자리에 놓는다.
⑦ 접시를 비운 고객에게는 더 권하고, 의향을 물어본 뒤 빈 접시를 치운다.
⑧ 더운 음식은 덥게, 찬 음식은 차게 제공될 수 있도록 음식관리에 세심한 주의를 기울인다.

## 제3절 룸서비스(Room Service)

### 1. 룸서비스의 특징

① 영업대상이 투숙객이므로 대부분 24시간 영업하며, 고객이 주문하면 직접 객실까지 서브한다.
② 룸서비스의 주문은 대부분이 오더 테이커(order taker)가 전화를 통하여 주문을 받는다.
③ 룸서비스 메뉴는 한식, 양식, 일식, 이탈리아식으로 구성되어 있다. 단, 주문은 시간의 제약을 받는다.
④ 조식(일식, 양식) 및 야외도시락(luncheon box)은 룸서비스에서 제공되는 품목으로 예약할 수 있다. 단, 야외도시락은 2시간 전에 주문예약이 이루어져야 한다.
⑤ 외부로부터 과일, 케이크, 음료 등을 주문받아 객실에 투입할 수 있다.

## 2. 주문 접수(Order Taking)

### 1) 전화 주문 시

① 전화벨이 울리면 먼저 객실번호를 확인, 기록한다.

② 미확인 시 계속 통화를 하고 눈으로 전화를 바라보고 있다가 4~5초 후 전화상에 시간, 국적, 이름, 객실번호가 다시 나타나면 반드시 객실번호를 먼저 기록한다.

③ 주문이 끝나면 반드시 반복하여 확인하고, 조리시간을 알려주어야 한다.

④ 통화가 끝나면 오더 테이커는 고객이 먼저 수화기를 놓은 다음에 다시 한번 객실번호를 확인하고 수화기를 놓는다.

⑤ House Phone으로 고객이 주문할 때에는 정중하게 룸서비스로 안내한다.

⑥ 객실로부터의 전화는 반드시 정확하게 기록, 유지한다.

⑦ 바쁜 시간대에 오더 테이커는 적절하게 시간을 조절하여 서브할 수 있는 시간의 여유를 준다.

### 2) Door Knob Menu에 의한 주문 시

객실에 비치된 Door Knob Menu를 이용하여 고객이 원하는 날짜, 시간, 품목을 표기하여 당일 03 : 00까지 Door Knob에 걸어 놓으면 이를 룸서비스 직원이 수거하여 Order Taker가 시간별로 분류하여 Bill을 작성한다. 조식예약 주문서를 문에서 수거할 때 종종 누락되는 일이 있으므로 주의하여야 한다.

# 제4절 커피(Coffee)

## 1. 커피의 정의

신의 선물인 커피 열매는 6~7세기경 최초로 발견된 것으로 추정되며 독특한 맛과 향을 지닌 기호 음료이다. 학자들에 의하면 현재까지 자라고 있는 야생종을 근거로 커피의 어원은 아랍어인 카파(Caffa)로서 아프리카의 고대왕국인 아비시니아(Avysinia), 현재의 에티오피아를 커피의 기원으로 보고 있다. 즉 에티오피아에서는 커피나무가 야생하는 곳을 가리키기도 한다. 유럽에서는 1650년 무렵부터 '커피'라고 불리기 시작한 것으로 알려진다.

## 2. 커피의 어원

커피의 어원은 크게 2가지로 나눠진다. 첫 번째는 커피가 처음 발견된 '칼디의 전설'에 나오는 에티오피아의 지명인 '카파(Kaffa)'라는 견해로 아랍어로 '힘'을 뜻하며, 커피의 어원인 동시에 커피나무가 야생에서 자라는 곳을 일컫는다.

두 번째는 아랍어 '카와(Kahwa)'라는 견해로 '기운을 돋운다'는 의미다. 커피를 마신 후에 느낌이 술을 마셨을 때와 비슷하다는 의미로 이집트, 시리아, 터키에서 커피 열매를 끓여 그 물을 마시거나 열매를 발효시켜 알코올음료를 만들어 마신 것에서 유래되었다. 영어 커피(coffee), 프랑스어 카페(café), 독일어 카페(Kaffee), 네덜란드어 코피(koffie), 이탈리아어 카페(caffe), 터키어 카베(kahveh) 등 세계 각국에서 커피를 지칭하는 명칭도 카와(qahwa 또는 khawah)라는 아랍어가 어원인 것으로 추정된다.

- **칼디의 전설**

  커피의 있어서 가장 널리 알려진 칼디의 전설은 6~7시경 에티오피아 목동인 '칼디'가 염소 무리들이 붉은 열매를 먹고 흥분하는 모습을 목격하고 이를 이상히 여겨 직접 그 열매를 따 먹은 후 자신도 기분이 상쾌해지고 기운이 넘치며 잠이 오지 않는 기분을 느꼈으며, 그 후 수도승들이 밤에 행해지는 예배 중에 잠을 쫓기 위하여 음용하게 되었으며, 그 후 이 커피 열매는 여러 사원으로 전파되기 시작하였다.

[네이버 지식백과] 커피의 원조 (커피 이야기, 2004. 5. 15., 김성윤)

하지만 13세기 이전까지는 성직자만 마실 수 있었으며 술이 금지된 이슬람 사이에서 점차적으로 커피로 이름을 바꿔 부르게 되었을 것이라 추측하고 있다.

## 3. 커피의 역사

에티오피아에서 처음 발견된 후 초기에는 커피열매를 끓여서 먹거나 약으로 먹었다고 전해지며, 9세기 무렵부터 아라비아반도를 시작으로 이집트, 시리아를 거쳐 점차 유럽으로 전해졌다. 커피를 처음 문헌으로 정리한 아라비아 의학자 라제스는 10세기경 그의 저서인 『의학백과서』에 처음으로 커피 나무 열매의 효능에 대한 기록을 남겼다. 그 기록에 따르면 커피를 '번컴(Bunchum)'으로 기술하며 커피를 따뜻하면서도 독하지만 위에 아주 유익한 음료라고 하였다.

유럽인들은 12~13세기에 걸쳐 일어난 십자군 전쟁 때 처음 접하게 되었으며, 그 당시에는 이교도의 음료라고 배척하였다. 그 후 밀무역에 의해 이탈리아에 들어온 뒤 교황으로부터 공인을 받고 나서 유럽 전역으로 퍼져나가게 되었다.

1575년 이스탄불에 최초의 커피 하우스인 '키브 한(Kiv Han)'과 '카흐베하네(Kaven Kane)'가 생겼으며, 1616년 네덜란드 상인 피터 반 덴 브뢰케가 커피묘목을 네덜란드로 가져와 암스테르담의 식물원에서 이식한 후 재배에 성공하면서 커피 교역이 유럽의 손에 넘어오게 된다. 그 이후 이탈리아 베네치아에 1645년 유럽 최초의 커피하우스가 문을 열었으며, 영국, 프랑스, 오스트리아 등 유럽에 커피하우스가 차례로 들어서게 되었다.

커피가 신대륙 미국으로 전파된 계기는 1624년경 네덜란드 사람들이 뉴욕에 정착하기 시작하면서부터이며, 1670년경 보스턴에 '커트리지 커피하우스'라는 최초의 커피숍이 문을 열었고 뉴욕에도 '더 킹스 암스'라는 커피숍이 문을 열었다. 1773년 보스턴 차 사건 이후로 미국인들은 커피를 마실 수 있게 되면서 미국 독립운동의 계기가 됨과 동시에 커피는 미국 독립의 상징이 되었다.

- **보스턴 차 사건(Boston Tea Party)**
  1773년 12월 16일 밤 영국 식민지인 미국의 주민들이 본국으로부터의 차(茶) 수입을 저지하기 위하여 일으켰던 사건으로 영국은 미국 상인에 의한 차의 밀무역을 금지시키고 이를 동인도회사에게 독점권을 부여하는 관세법을 성립시켰다. 식민지 자치에 대한 지나친 간섭에 격분한 보스턴 시민들은 항구 안에 정박 중인 동인도회사의 선박을 습격하여 그 안에 보관된 차를 모조리 바다로 던졌다. 이에 격분한 영국정부는 이 사건으로 식민지 탄압을 더욱 강화하였으며, 보스턴항 법안을 제출하고 군대를 주둔시켜 손해배상을 요구하였다. 그러나 보스턴 시민들은 이를 거절하고 더욱 단결하여 대항하였으며 매사추세츠 의회 하원도 이에 동조하여 '혁명정부'의 모체를 구축하였다. 이 사건은 1775년 무력충돌의 도화선이 되었고 결국 미국 독립혁명의 직접적인 발단이 되었다.

커피가 우리나라에 전파된 기록은 1895년 아관파천으로 러시아 공사관에 머물던 고종 황제가 처음으로 커피를 마셨다고 전해지며 그 당시에는 커피가 가배차, 가비차로 불렸으며, 서민들 사이에서는 서양에서 들어왔다고 하여 양탕(洋湯)이라고 불리었다.

그 이후 독일인 손탁이 최초의 서양식 호텔인 손탁호텔 1층에 '정동구락부'라는 조선 최초의 커피숍을 열어 커피를 팔기 시작하였으며 명동, 종로 등에 커피숍들이 생겨났다. 해방과 한국전쟁을 거치며 미군들에 의해 원두커피와 인스턴트 커피가 전해지면서 대중들이 즐기는 기호 음료로 발전하게 되었다.

## 4. 커피의 산지와 품종 및 특성

커피가 생산되는 지역은 적도를 중심으로 한 남위 25°~북위 25° 사이의 열대 · 아열대 기후 지역으로 커피 존 또는 커피 벨트(Coffee Belt)라고 한다. 브라질 · 콜롬비아 · 자메이카 등의 중남미 지역과 중동 · 아프리카 즉 에티오피아 · 예멘 · 탄자니아 · 케냐 등이 대표적 생산지로 유명하다. 최근에는 아시아 · 태평양 지역의 인도네시아, 베트남 등의 나라에서도 최상급의 커피로 인정받는 아라비카 커피를 재배하고 있다.

가장 대표적인 세계 3대 커피로는 자메이카의 블루 마운틴(Blue Mountain), 예멘의 모카(Mocah), 하와이의 코나(Kona) 커피이며 오늘날 상업적으로 재배하는 커피품종은 아라비카종, 로부스타종, 리베리카종이 대표적이며, 그중에서도 아라비카종은 에티오피아를 원산지로 세계에서 가장 많이 소비되는 품종이며 원두커피의 70% 이상을 차지하고 있다. 재배조건이 까다롭고 병충해 등에 약하지만 품질이 우수하여 전 세계 커피 생산량의 약 75%를 차지한다. 로부스타종은 19세기 말 콩고를 원산지로 평지와 저지대에서 자라며 전 세계 생산량의 25% 정도를 차지하며 원두커피보다는 인스턴트 커피 또는 블렌딩 커피로 많이 쓰인다.

리베리카종은 병충해에 강하고 저온, 저지대에서도 잘 자라며 주로 종자개량을 위한 연구용으로 많이 재배되고 있다.

〈표 10-1〉 커피의 주요 생산국

| 순위 | 국가 | 주요내용 | 대표커피 |
|---|---|---|---|
| 1 | 브라질 | 세계 최대의 커피 생산국이자 수출국, 전 세계 커피의 40% | 산토스 |
| 2 | 베트남 | 세계 2위의 커피 생산국, 대부분 로부스타종 생산, 전 세계 로부스타 생산량의 40% | |
| 3 | 콜롬비아 | 세계 3위의 커피생산국, 100% 아라키카종 재배 | 스프레모, 엑셀소 |
| 4 | 인도네시아 | 90% 이상의 고품질 로부스타종 재배 | 코피 루왁, 모카 자바 |
| 5 | 에티오피아 | 커피의 기원, 아프리카 최대 커피 생산국, 전체 수출의 30% 이상을 커피수출이 차지함 | 하라, 예가체프, 시다모 |

# 5. 커피의 수확 및 가공

## 1) 커피의 수확

커피는 커피열매가 빨간색을 띠면 열매 상태로 수확되어 여러 단계의 과정을 거쳐 비로소 커피원두로 커피시장에서 거래된다. 커피 수확은 기계 또는 수작업으로 열매를 수확하며, 기계에 의한 수확은 덜 익은 열매가 섞일 가능성이 있다. 이 경우 커피 맛에 많은 영향을 미치게 된다.

커피의 수확 시기는 산지에 따라 다양하지만 적도 부근의 나라에서는 일년 내내 수확할 수 있으며, 일반적으로는 연 1~2회 건기에 수확하는 경우가 많다. 수확하는 방법은 농장의 상황에 따라 아래 표와 같이 3가지 정도로 분류할 수 있다.

〈표 10-2〉 커피의 수확 방식

| 수확방법 | 내용 | 장점 | 단점 |
|---|---|---|---|
| 핸드 피킹 (Hand picking) | 잘 익은 체리만을 사람 손으로 일일이 수확하는 방법 | 고품질의 커피 생산 | 인건비 등의 비용 부담 |
| 스트리핑 (Stripping) | 손으로 나뭇가지 전체를 훑어내려 떨어뜨리며 수확하는 방법 | 적은 비용으로 수확 가능 | 품질이 균일하지 않음<br>커피나무의 손상가능성 |
| 메커니컬 피킹 (Mechanical picking) | 기계를 이용하여 여러 개의 봉이 커피나무에 진동을 주어 수확하는 방법 | 인건비 부담이 적음 | 커피 품질의 저하 |

## 2) 커피의 가공

수확한 커피열매는 외피층(Skin), 펄프층(Pulp), 파치먼트층(Parchment), 내피층(Silver Skin)이 커피 체리를 감싸고 있다. 이러한 커피 체리에서 생두를 분리하는 과정을 말하며 주로 파치먼트층까지 제거한 후 마지막 내피는 로스팅 과정에서 제거된다. 이 과정에는 대표적으로 건식법(Dry Process), 습식법(Washed Process), 세미워시드(Semi Washed Process) 등의 세가지 방법으로 껍질을 제거한다.

- **파치먼트(Parchment) 제거**
  일반적으로 커피 생두는 내과피(Parchment)에 쌓여진 상태로 보존되어 출하 시에 Parchment를 제거기로 제거한 후 크기에 따라 분류하여 이물질과 결점두를 제거한 후 출하한다. Parchment 제거 후 선별과정을 거친다.
- **결점두**
  정상적이지 않은 생두 또는 이물질이 섞인 생두를 결점두라고 한다.

## 6. 커피의 배전 (Roasting)

배전(Roasting)이란 커피 생두(Green Bean)에 열을 가하여 커피 생두가 가지고 있는 여러 성분의 맛과 향미 성분들을 독특한 맛과 향미로 발현시키는 과정으로 '커피콩을 볶다'의 의미이다. 이 과정은 커피를 음용하기까지의 과정 중에서 가장 중요한 과정이라고 할 수 있다.

커피 원두를 우리가 마시기 위해서 거쳐야 하는 과정, 즉 배전, 분쇄, 추출 중에서 로스팅은 커피의 고유한 맛과 향미가 생성되는 단계로 그 중요도는 매우 높다. 이러한 로스팅 과정에서 커피 원두는 색, 맛, 향, 부피, 무게 및 물리적, 화학적 변화가 일어난다.

### 1) 로스팅의 물리적 · 화학적 변화

① 무게가 14~20% 감소하며, 밀도가 감소한다.

② 부피가 약 2배 정도 증가하며 생두 내의 조직이 다공성으로 변한다.

③ 커피 원두의 색상이 변한다(연노랑－갈색－진한 갈색).

④ 이산화탄소($CO_2$)가 방출되고 휘발성 성분이 생성되고 손실된다.

이러한 로스팅 과정에서 커피 원두는 600여 가지의 여러 화학반응들이 일어나며, 커피 생두는 팝콘같이 '펑' 하며 터진다. 이때 커피 원두의 표면에 식물성 기름이 형성되며, 이 향이 휘발성을 가지고 커피의 맛과 향기를 전달하게 된다.

### 2) 로스팅 과정

로스팅의 과정은 크게 3단계로서 건조 단계, 1~2차 크랙, 냉각 단계를 거친다.

건조단계는 로스팅의 초기 단계로서 커피원두의 색이 녹색에서 노란색으로 변하며 수분이 70~90% 정도까지 소실된다.

1차 크랙에서는 커피의 조직이 팽창하면서 여러 가스성분들이 분출되며 부피가 약 2배가량 증가하며 커피 원두의 센터 컷이 갈라지며 원두조직이 벌어진다. 이 단계에서 본격적으로 커피의 향미성분이 발현되는 지점이기도 하다.

2차 크랙에서는 1차 크랙 이후 본격적으로 커피의 향미가 생성되기 시작하며 원두의 색상이 진한 갈색으로 변하며 커피 향미가 최고에 이르게 된다. 2차 크랙 이후에는 커피의 신맛과 단맛은 거의 없어지며 쓴맛이 강하게 나타난다. 이때 로스팅이 너무 강하면 커피의 쓴맛이 강해질 수 있으므로 주의하여야 한다.

이후 로스팅이 끝난 즉시 열을 식혀 주는 과정에서 배출구를 열어 빠르게 열을 배출시켜야 한다. 로스팅이 끝난 후에도 커피원두가 가지고 있는 내부열에 의해서 원하는 로스팅보다 더 진행될 수 있기에 냉각 과정 또한 커피 원두의 품질을 결정하는 데 영향을 미치는 중요한 과정이다.

〈표 10-3〉 로스팅에 의한 커피 원두의 변화

| 구분 | 내용 |
|---|---|
| 색깔 | Green → Yellow → Brown → Dark Brown |
| 맛 | 신맛, 단맛, 쓴맛 → 신맛은 감소 쓴맛은 증가 |
| 향 | 커피 고유의 향이 생성됨 |
| 부피 | 부피가 2배 정도 팽창하여 크기가 2배가 됨 |
| 무게 | 커피 생두의 수분이 4~5%로 줄어들면서 무게가 15~30% 정도 감소 |

## 7. 커피의 분쇄

분쇄란 커피 원두를 커피액으로 추출하기 쉬운 상태로 가는 것으로 분쇄 정도나 분쇄 방법 및 분쇄된 커피 입자의 크기에 따라서 추출된 커피의 맛이 달라진다. 즉 추출시간에 따라서 짧을수록 미세한 분쇄를, 길수록 굵게 분쇄하는 것이 커피의 참맛을 낼 수 있다. 일반적으로 분쇄에는 전동 분쇄기 그라인더(Grinder)를 사용하여 약 3~4초 정도 분쇄하는 것이 적당하며 커피의 신선도 측면에서 커피의 분쇄는 마시기 직전이 가장 바람직하다. 왜냐하면 분쇄된 커피는 맛과 향이 급격히 손실되기 때문에 추출 직전에 필요한 만큼만 분쇄하여 사용해야 한다.

## 8. 커피의 추출

커피의 추출은 다양한 추출기계를 사용하여 분쇄된 커피에 물과 함께 커피의 가용성 성분을 뽑아내는 것을 의미한다. 이러한 커피 추출 방식에는 크게 침출식과 여과식이 대표적이다.

침출식은 침지법이라고도 하며 커피 추출 용기에 분쇄된 커피가루를 넣고 뜨거운 물이나 찬물을 넣고 가열하여 커피 성분을 뽑아내는 방식이며, 여과식은 투과식법이라고도 하며 분쇄된 커피가루에 물을 통과시키며 커피성분을 뽑아내는 방식이다.

### 1) 터키식 추출

세계에서 가장 오래된 커피 추출 방법으로 이브릭(Ibrik)이라는 손잡이가 달린 주전자에 원두를 곱게 갈아 넣고 끓는 물에 장시간 끓인 후 여과하여 마시는 방법이다.

### 2) 드립 추출

가장 손쉽게 사용하는 커피 추출 방법으로 분쇄된 커피를 필터에 넣고 더운물을 부어 중력에 의해서 더운물이 커피입자 사이를 통과하여 커피를 여과시키는 방법이다. 이 과정에서 커피가루가 깨끗이 여과되지만 완벽한 맛과 향의 커피를 뽑아내기는 어려운 방법이다.

### 3) 프렌치 프레스 추출

침지식 추출방식의 하나로 1800년대 중반 무렵부터 사용되기 시작하였으며, 필터 없이 물과 함께 분쇄된 커피가루를 함께 기구에 넣어서 추출하는 방식이다. 이 방식은 간단하고 쉽고 빠르게 풍부한 맛의 커피를 추출할 수 있다는 장점으로 전 세계적으로 널리 이용되고 있다.

### 4) 사이펀 추출

진공 튜브 방식이라고도 불리며 증기의 압력과 삼투압을 이용하여 커피를 추출하는 방식이다. 하단부위에 열을 가하여 생기는 압력으로 더운물이 상단 부위로 상승하여 추출이 시작되고 가열을 멈추면 위아래가 완전히 밀봉되어 하단부위에 진공이 형성되어 상단부위의 추출된 압력이 떨어지면서 커피 액만 아래로 내려온다. 연출효과가 독특하며 커피 추출과정을 직접 확인할 수 있다.

### 5) 에스프레소 추출

에스프레소(Espresso) 추출방식은 증기압을 이용하여 커피가루 사이로 물을 압력으로 통과시켜서 추출하는 방식으로 고압에서 빠른 시간에 커피를 추출한 뒤 뜨거운 물과 거품으로 희석시켜 완성시킨다. 이러한 방식으로 추출된 커피 그 자체를 에스프레소 커피라고 부르기도 한다.

오늘날 가장 많이 사용하는 방식으로 에스프레소 기계를 통하여 추출된 커피는 진액 그 자체로도 즐기지만 우유 등의 부재료를 첨가시켜 카푸치노, 카페라테 등의 다양한 커피로 즐긴다.

### 6) 모카포트 추출

에스프레소 추출방식과 가장 유사한 방식으로 높은 압력을 이용하여 커피를 추출하는 방식으로 가열된 물에서 나오는 증기압으로 커피를 추출하는 방식이다. 이 방식에는 압력을 견딜 수 있는 강철로 된 주전자를 사용하며, 주전자 하단부에 물이 끓으면서 순간 압력의 수증기로 상단에 커피가 추출된다.

# 참고문헌

1) 이희천 외 , 호테경영론, 형설출판사, 2010.
2) 고상동 외, 호텔 · 레스토랑 식음료경영실무, 백산출판사, 2001.
3) 한국관광공사 경주교육원, 주장업무론, 1994.
4) 김용순 · 이관표 · 정현영, 호텔레스토랑 식음료경영, 백산출판사, 2002.
5) 롯데호텔, 식음료서비스 매뉴얼, 1988, 2003.
6) 인터콘티넨탈호텔, 서비스 매뉴얼, 1999.
7) 신재영 · 박기용 · 정청송, 호텔레스토랑 식음료서비스관리론, 대왕사, 2001.
8) 유철형, 호텔식음료경영과 실무, 백산출판사, 1998.
9) 임경인, 식당경영원론, 대왕사, 1999.
10) Stefanelli, J. M., The Sale & Purchase of Restaurants, John Wiley & Sons, Inc., 1990.
11) Ninemeier, J. D., Food & Management of Food & Management Operations, American Hotel & Lodging Educational Institute, 2010.
12) 박한 외, 커피바리스타 제2판, 신화, 2017.
13) 서진우 외, 커피바이블 제6판, 대왕사, 2022.

저자약력

**김용순**
동양미래대학교 호텔관광학과 교수

**김호준**
나사렛대학교 항공호텔관광학과 겸임교수

**설경진**
롯데호텔 서울 식음료팀 지배인

저자와의
합의하에
인지첩부
생략

# 핵심 호텔경영실무

2023년 9월 1일 초판 1쇄 발행
2024년 8월 31일 초판 2쇄 발행

**지은이** 김용순 · 김호준 · 설경진
**펴낸이** 진욱상
**펴낸곳** 백산출판사
**교 정** 박시내
**본문디자인** 오행복
**표지디자인** 오정은

**등 록** 1974년 1월 9일 제406-1974-000001호
**주 소** 경기도 파주시 회동길 370(백산빌딩 3층)
**전 화** 02-914-1621(代)
**팩 스** 031-955-9911
**이메일** edit@ibaeksan.kr
**홈페이지** www.ibaeksan.kr

ISBN 979-11-6639-369-3 93320
**값 17,000원**

• 파본은 구입하신 서점에서 교환해 드립니다.
• 저작권법에 의해 보호를 받는 저작물이므로 무단전재와 복제를 금합니다.